UM CRIME DA SOLIDÃO

ANDREW SOLOMON

Um crime da solidão
Reflexões sobre o suicídio

Tradução
Berilo Vargas

3ª reimpressão

COMPANHIA DAS LETRAS

Copyright © 2018 by Andrew Solomon
Copyright do texto "A morte da luz", de *O demônio do meio-dia* © 2001 by Andrew Solomon
Todos os direitos reservados.

Os trechos de *Orlando*, de Virginia Woolf, citados nas pp. 53-4 foram extraídos da tradução de Jorio Dauster (São Paulo: Penguin Classics Companhia das Letras, 2014).

Grafia atualizada segundo o Acordo Ortográfico da Língua Portuguesa de 1990, que entrou em vigor no Brasil em 2009.

Título original
On Suicide

Capa
Alceu Chiesorin Nunes

Foto de capa
Atlas/Oceano, de Thiago Rocha Pitta, 2014, impressão jato de tinta sobre papel de algodão, 100 × 125 cm.

Preparação
Ciça Caropreso

Revisão
Adriana Moreira Pedro
Huendel Viana

Dados Internacionais de Catalogação na Publicação (CIP)
(Câmara Brasileira do Livro, SP, Brasil)

Solomon, Andrew.
   Um crime da solidão : Reflexões sobre o suicídio / Andrew Solomon ; tradução Berilo Vargas. — 1ª ed. — São Paulo : Companhia das Letras, 2018.

   Título original: On Suicide.
   ISBN 978-85-359-3183-9

   1. Suicídio – Aspectos psicológicos 2. Suicidas – Comportamento 3. Suicídio – Prevenção I. Título.

| 18-20753 | CDD-155.937 |

Índice para catálogo sistemático:
1. Suicídio : Aspectos psicológicos   155.937

Iolanda Rodrigues Biode – Bibliotecária – CRB-8/10014

Todos os direitos desta edição reservados à
EDITORA SCHWARCZ S.A.
Rua Bandeira Paulista, 702, cj. 32
04532-002 — São Paulo — SP
Telefone: (11) 3707-3500
www.companhiadasletras.com.br
www.blogdacompanhia.com.br
facebook.com/companhiadasletras
instagram.com/companhiadasletras
twitter.com/cialetras

Sumário

A um esteta que morreu jovem	7
A morte da luz	27
Anthony Bourdain, Kate Spade e as tragédias do suicídio que podem ser evitadas	37
Suicídio, um crime da solidão	44
Ontologia de um suicídio	49
Anatomia de um homicídio-suicídio	58
A epidemia oculta	64
A armadilha da hereditariedade	73
A depressão também é uma coisa com penas	75

A um esteta que morreu jovem[*]

In memoriam T. R. K.

Às vezes acho quase um pecado
Expressar em palavras a dor que sinto;
Pois se as palavras, como a Natureza,
Revelam a alma dentro de mim,
Também é verdade que a escondem.
Tennyson, *In Memoriam A. H. H.*

Em fevereiro de 1982, no meio do meu primeiro ano de faculdade, fui convidado para uma festa pela mais glamorosa estudante de segundo ano que eu já tinha conhecido (agora uma das minhas amigas mais íntimas), e fiquei animadíssimo. Um acontecimento social de proporções perfeitas: um terço de pessoas que eu conhecia; um terço de pessoas que eu já tinha visto e gostaria

---

[*] Publicado pela primeira vez em: *Yale Alumni Magazine*, 1 jul. 2010.

de conhecer; e um terço de pessoas que eu nunca tinha visto, porque habitavam uma estratosfera elevada demais para serem visíveis, algumas já no terceiro ou no quarto ano. A festa foi num dormitório de estudantes em Pierson. Spandau Ballet, Pat Benatar, The Human League cantando "Don't You Want Me Baby", que hoje me soam tão docemente nostálgicos quanto "Dixie", tinham um frescor de orvalho da manhã. As pessoas usavam roupas que em 2010 podem estar voltando à moda pela quinta vez, mas que na época eram novidade — apesar de boa parte delas ter sido espertamente selecionada no Exército da Salvação. Naquela época, a idade mínima para beber ainda era dezoito anos, por isso havia bebidas, e também algumas pessoas cheirando cocaína no banheiro, porque estamos falando dos anos 1980. Eu não teria me sentido mais emocionado e deslumbrado se tivesse sido convidado para o casamento do príncipe Charles e de Lady Diana Spencer no ano anterior. As pessoas eram espirituosas e engraçadas, divertindo-se muito, dançando bem, dando gargalhadas. Algumas estavam sentadas por ali à meia-luz de discoteca da sala, outras na ofuscante fluorescência da escada, e algumas, ainda, em pequenos grupos no pátio enluarado. Eu tinha odiado o ensino médio, onde me senti insignificante o tempo todo, e enfim ali estava eu, com aquelas pessoas incríveis, divertindo-me como poucas vezes na vida. É difícil lembrar de todos que participaram dessa festa, mas tentei fazê-lo recentemente, como exercício de memória, e percebi que ainda mantenho uma boa amizade com mais de vinte pessoas que estavam lá e que sou amigo no Facebook de pelo menos outras 25. Sempre digo que Yale foi o começo da pessoa que sou hoje, que nos ensinos fundamental e médio eu era alguém diferente, de quem mal consigo lembrar, mas que em Yale comecei a ser eu mesmo, e essa festa ficou marcada como o momento oficial da mudança.

Um homem de aparência afetada falava para um grupo atento numa das salas, alguém que me disseram ser o colega de quarto do namorado de Jodie Foster, e ele e eu iniciamos uma longa conversa, e se a festa já era para mim o centro do universo, ele me pareceu ser o centro desse centro; todo mundo vinha falar com ele, e ele beijava e abraçava com verdadeiro afeto até mesmo os mais impertinentes; apresentou-me a todos que eu não conhecia, tomando conta de mim. Fiquei lisonjeado com sua atenção, e um tanto desconcertado, depois me sentei e conversamos quase a noite inteira. Quando a contragosto resolvi ir embora — às três da manhã, para não parecer ansioso demais —, ele me disse: "Que acha de sermos colegas de quarto no ano que vem?". Surpreso, respondi que sim num impulso, depois disse que precisávamos conversar melhor, voltei a dizer que sim, e saí. Retornei ao meu quarto em Bingham Hall com a cabeça zonza de pensamentos agradáveis. No dia seguinte mencionei, despreocupadamente, para várias pessoas que eu estava pensando em ter Terry Kirk como colega de quarto no ano seguinte. Algumas reagiram com espanto, outras pareceram duvidar e outras, ainda, perguntaram se eu estava mesmo preparado para tanto. Eu não tinha certeza de coisa alguma; não sabia sequer se Terry tinha dito aquilo a sério. Não sabia se eu, como calouro, poderia ser colega de quarto de alguém mais adiantado. Mas dois dias depois me encontrei por acaso com Terry em Cross Campus, e ele perguntou: "E então! Vamos dividir o quarto?". E eu disse que sim, com o mesmo sentimento com que, mais tarde, trataria o amor, as aventuras, as viagens e a vida, com aquela sensação de quando se olha para os dois lados, conclui que é perigoso, mas mesmo assim vai em frente. Havia um ardor em Terry, uma centelha, uma exuberância, características que tornavam o glamour um pouco menos assustador do que poderia ser.

Anos depois, conversando sobre aqueles tempos, Terry disse que não queria morar com ninguém com quem pudesse ir para a cama — o que, percebi mais tarde, eliminava grande parcela da população de alunos da graduação — e que ele gostava mais de mim do que de qualquer outra pessoa por quem não se sentia fisicamente atraído. Passei algum tempo tentando entender se isso era um elogio, mas acho que era verdadeiro e mútuo. Eu era reprimido demais naquela época e não queria admitir que sentia atração física por ninguém, mas não me sentia atraído por Terry, embora ele fosse bonito, estupendo. Eu separava bem o sexual do romântico, e nada me convinha mais do que uma amizade não erótica, mas romântica em extremo, e foi o que tivemos. Eu queria ser insubmisso e exagerado, mas era constrangido por um respeito profundamente arraigado pela decência, o que hoje me parece uma camisa de força. Não havia nada que Terry se imaginasse fazendo que ele de fato não pudesse fazer, e isso me apavorava e me estimulava. Ele costumava usar uma grossa capa de lã verde e um chapéu alto com uma pena. Desempenhava o papel principal em musicais e dançava da mesma maneira no palco ou fora dele — até mesmo enquanto aguardava na fila do brunch em Davenport. Em geral, tinha um namorado e uma namorada, às vezes mais de um de cada gênero, e não era sexualmente estrito nem mesmo dentro desses frouxos limites. Interessava-se por tudo e por todos; aprendi com ele que categorias são bobagens, que é possível a gente se divertir em qualquer lugar. Ele não tinha dinheiro, longe disso, mas de modo inexplicável parecia ter sempre à mão uma garrafa de champanhe Veuve Clicquot. Em 1982, não era fácil encontrar Veuve Clicquot nos Estados Unidos, por isso devia ser novidade também em todo o país, mas em Yale era um absurdo; o resto das pessoas bebia Freixenet, se fossem pretensiosos demais para ficar na cerveja. Em certo sentido para mim é difícil lembrar tudo que tornava Terry tão fascinante, porque ele me ensinou muito do que havia nele de incrível, e agora que sua influência está costurada à minha personalidade, não consigo mais separá-la. Não me lembro da pessoa que eu era antes de absorver sua cintilação e sua crença em que a vida era um intenso exercício de prazer.

Recesso de primavera, primeiro ano, entrei em pânico. Eu não queria ser gay; eu não seria gay. Se eu partilhasse o quarto com Terry Kirk, iam pensar que eu era gay. Se morasse com Terry Kirk, haveria grandes farras em meu próprio quarto, e eu jamais me tornaria o falso "aluno mauricinho, branco e protestante a caminho da faculdade" que eu planejava ser. Eu sabia que pessoas muito teatrais eram falsas e que pessoas de verdade eram contidas, moderadas e concentradas nos estudos. Eu seria um fracasso se aquilo fosse adiante. Meus pais haviam me perguntado sobre a pessoa com quem eu dividiria o quarto, e, como Terry e meu pai eram apaixonados por ópera, achei que seria uma boa ideia convidar Terry para assistir à *Madame Butterfly* com minha família. Programamos nos encontrar no apartamento de meus pais, tomarmos um drinque, depois jantar no restaurante favorito de minha mãe e de lá seguirmos ao Met para o espetáculo. Terry chegou meia hora atrasado, o que na minha família era inaceitável num primeiro contato, fosse qual fosse a situação. Além disso, apareceu com a capa verde e o chapéu, de calça branca enfiada em uma bota Charles Jourdan de cano alto que muito provavelmente não se destinava ao público masculino. A impressão que causou foi, para usar um eufemismo, a de uma figura arrojada. Minha mãe já estava com raiva do atraso, e fiquei observando com o estômago revirado Terry produzir uma torrente de charme que simplesmente se recusava a estancar sob o olhar desdenhoso dela. Agora que sou velho e sábio, percebo que minha mãe também achava que eu só podia ser gay se ia mesmo morar com Terry Kirk, e ela não estava nem um pouco feliz com isso, mas tudo que me lembro daquele momento é que senti um grande alívio quando a história de Cio-Cio, que em comparação me pareceu feliz e nada teatral, começou a se desenrolar no palco.

Passei o verão pensando que tinha sido um erro, mas já era tarde demais. Juntamo-nos e conseguimos uma suíte imensa no Silliman College, com mais um amigo, o que era condizente com a política de Terry de morar cada ano numa residência diferente. Passei as semanas iniciais daquele primeiro semestre, meu segundo ano, o terceiro dele, evitando-o, o que não era fácil, pois dormíamos em beliches. No começo, a estratégia de Terry foi ignorar minha frieza e grosseria, e a minha foi passar o tempo todo no Jonathan Edwards College, onde estava a maioria dos meus amigos. Mas, por fim, Terry me obrigou a sentar para uma conversa. Não lembro o que eu disse; não imagino o que possa ter dito, mas lembro de Terry falar com seriedade sobre sermos amigos independentemente de qualquer coisa. Seria falso dizer que o resto do ano foi livre de tensão. Às vezes, num sábado, eu queria voltar para a cama e dormir, e me irritava com a presença de outras setenta pessoas numa festa temática para a qual Terry tinha transformado nosso quarto num canteiro de obras, onde não faltavam sequer cones laranja, andaime e o que parecia ser um grande buraco numa parte do teto. Outras vezes tudo que eu queria era estudar sem ter a atenção distraída pelas lâmpadas de Natal que ele tinha pendurado na pequena sanca em volta do quarto. Às vezes eu gostaria de chamar dois amigos para me preparar para uma prova sobre Tennyson, e ficava desorientado com a presença, numa sala de estar de dezoito metros quadrados, de um teto rebaixado todo feito de raízes leguminosas penduradas com pedaços de linha de pesca e retroiluminadas com gel vermelho. Às vezes ter pessoas quebrando taças de champanhe em nossa lareira parecia um pouco demais às cinco da manhã. Mas, compensando tudo isso, havia também conversas sobre música, que eu amava, mas que Terry conhecia muito melhor do que eu, e sobre arquitetura, de que eu na verdade não entendia nada, mas Terry entendia, e sobre a própria amizade. Aos poucos percebi como eu era crítico com relação a seus amigos, mas que ele sempre acolhia os meus de braços abertos, e que ele era capaz de fazer qualquer pessoa se sentir uma celebridade pela qualidade da atenção que dispensava a ela, mesmo quando seu objetivo era chamar a atenção da pessoa para si mesmo. Surpreendeu-me ver que Terry levava seu trabalho acadêmico a sério, e me dei conta de que ele adorava aprender tanto quanto as pessoas de óculos com marcas de sujeira que eu considerava mais sérias do que ele. Curiosamente, foi minha mãe quem comentou, depois de uma de suas visitas a nosso quarto, que Terry era extraordinariamente amável e o mais educado dos meus amigos.

Levei anos para perceber como era difícil viver comigo. Eu negava o tempo todo boa parte do que havia de mais básico sobre mim mesmo, por isso, embora Terry me atraísse pela ausência de repressão, isso também me causava repulsa. Lembro de como me irritei com ele quando entrei no quarto e o flagrei com uma garota de aparência exótica que era sua parceira de dança num show de jazz numa quadra de squash — as quadras de squash faziam as vezes de teatro na Yale dos anos 1980. A sensualidade dele era um desafio à minha respeitabilidade, o que o tornava objeto de todas as minhas inseguranças, que não eram poucas. Levei outros vinte anos para assumir alguma dose da sua liberdade de pensamento, de espírito e de vida. Ele era uma tia Mame regalando-se à mesa de banquete, enquanto eu mastigava pão velho. Eu costumava ficar furioso com ele, para diminuir nossa intimidade, mas ele era obstinado; jamais desistiu de mim. No fim do ano, éramos amigos permanentes, e eu tinha aprendido um pouco sobre a coragem da qual se originavam seus excessos, e me tornado uma pessoa mais generosa. Não continuamos morando juntos no ano seguinte; consegui um quarto só para mim no Jonathan Edwards, e Terry transferiu-se para Branford, mas com frequência jantávamos juntos.

Eu vivia frustrado com uma área impenetrável em Terry, que era o fato de ele jamais deixar seu entusiasmo arrefecer. Havia beleza nisso, mas também inacessibilidade. Se alguma coisa desse errado, ele ficava imediatamente eufórico com o que aquilo lhe ensinara. Se chovesse, ficava feliz com todas as coisas que jamais teríamos feito dentro de casa se tivesse havido sol, e se nós dois discutíssemos era sempre para nos tornarmos ainda mais íntimos. Busquei uma formulação mais clara dessa virtude inexorável; na época, parecia apenas uma jovialidade inata, mas agora vejo que era um jeito de manter o desespero à distância, e refletia não uma tenacidade perfeita, mas uma vulnerabilidade amedrontada, como se ele soubesse que mesmo a invasão da mais leve sombra bastaria para engoli-lo inteiro. Era uma qualidade agradável em pequenas doses, mas que dificultava um aprofundamento da intimidade. Impossível ver Terry e não ficar alegre, e às vezes desejávamos que ele se aborrecesse, ou se cansasse, ainda que só por um minuto. Com certeza havia tristeza nele, mas não a atingíamos, salvo quando ela emergia em rápidos e raros flashes de raiva, e é difícil sermos amigos de alguém que nunca se chateia conosco.

Alguns dos meus amigos mais íntimos de Yale já não são meus amigos, alguns conhecidos vagos de Yale acabaram se tornando pessoas às quais me acho inseparavelmente ligado, mas Terry permaneceu na mesma proximidade emocional. Nunca perdemos contato, e nos vermos sempre nos deixava felizes; nunca fomos um para o outro o amigo mais íntimo dos amigos íntimos. Mudei-me para a Inglaterra, ele para a Itália, acabei saindo do armário aos trancos, ele com o tempo parou de fazer amor com meninas exóticas, concentrando-se em italianos bonitões, e eu aos poucos comecei a reduzir algumas negativas que me faziam tratá-lo mal quando moramos juntos naquele ano. Ele pegava o avião para ir me ver em Londres, e eu ia a Roma ficar hospedado na casa dele. Com o tempo, fui deixando de pender para o lado da convenção. Jamais adquiri uma capa verde, mas adotei um estilo bem mais descontraído. Terry tornou-se um pouco mais conservador na aparência, apesar de cultivar um bigode fino e de sempre usar camisas polo com a gola virada para cima; às vezes usava uma jaqueta azul de Yale que parecia mais aceitável nele como adulto do que seria em qualquer outra pessoa. Eu vinha sendo um aluno bastante concentrado em meus estudos e pesquisas, mas acabei deixando-os um pouco de lado; ele obteve um ph.D. em história da arte em Columbia. Não dependíamos um do outro, mas não havia ninguém de quem eu gostasse mais do que dele. Havia em Terry uma energia permanente que quanto mais perdurava mais parecia notável.

Em 1989, minha mãe recebeu o diagnóstico de câncer no ovário, eu contei aos amigos, que por sua vez contaram a outros amigos, e não me lembro direito como foi que Terry soube, mas lembro de uma amável carta que me escreveu. No verão de 1990, meus pais fizeram uma viagem à Europa, que seria a última, e recebi um telefonema de minha mãe. Ela e meu pai estavam andando pelos Jardins da Villa Borghese, ela de repente ouviu alguém chamar seu nome, virou-se, e lá estava Terry Kirk. Ele os guiou num pequeno passeio pelos jardins, explicando coisas da arquitetura, e meus pais o convidaram para jantar naquela noite. "Você tem uns amigos tão simpáticos!", me disse minha mãe. "Veja só os mundos que você me abriu." Lembro-me de ficar muito agradecido a Terry por ele ter dado ainda que só uma lasquinha de felicidade a minha mãe quando ela estava tão perto da morte. Dez meses depois meu primeiro livro ia ser publicado, e minha mãe e eu planejamos uma festa maravilhosa em Nova York para comemorar o lançamento e, embora não admitíssemos, para que ela se despedisse do mundo. Antes mesmo que a maioria de meus amigos locais respondessem ao convite, Terry anunciou que voaria de Roma para a ocasião. A festa foi numa quarta-feira; como ele tinha vindo de fora, ficou mais alguns dias na cidade e esteve no apartamento de meus pais no fim de semana seguinte para uma rápida visita. Foi o último amigo meu a ver minha mãe viva. Quando soube que ela tinha morrido, ficou mais um tempo em Nova York e foi me dar um abraço no enterro.

Nos anos seguintes, achei que Terry houvesse encontrado o caminho. Teve alguns namorados italianos antes de se fixar com Marcello, que ele amava e que todo mundo amava também, um homem gracioso, intelectualmente realizado, bom, amável e prudente. Terry tinha um emprego de professor na Universidade Americana de Roma, levava alunos em caminhadas pela Cidade Eterna, mais ou menos como fizera com meus pais nos Jardins da Villa Borghese, e os estudantes tinham loucura por ele, seus cursos eram sempre disputadíssimos e seu entusiasmo, quase violentamente contagioso. Escreveu um livro sobre arquitetura italiana dos séculos xix e xx, publicado pela Princenton Architectural Press. Durante boa parte desse tempo eu andava aos trancos e barrancos, ainda sem estar casado, escrevendo bastante, mas em estado de depressão, vivendo ambivalentemente em Nova York. Via Terry umas duas vezes por ano. Não podia lhe contar muita coisa sobre minha depressão, pois achava que ele não saberia do que eu estava falando. Com frequência me sentia carente e tinha me cercado de pessoas carentes que em certo sentido me acalmavam mais; Terry não parecia carente, por isso era um problema precisar dele. Não me achava importante para ele, só que sempre ficava feliz de me ver. A respeito do meu livro sobre depressão, comentou que esperava que da próxima vez eu escrevesse sobre um assunto menos incômodo. O problema dos hábitos aforísticos é que eles tornam muito fácil classificar a comunicação autêntica como humor. Todas as pessoas felizes que eu conhecia gostavam de mexer comigo por eu ter escrito um corpulento volume sobre depressão. Terry também.

Então conheci John, e a vida ficou o.k. para mim também. Quando John e eu decidimos nos casar na Inglaterra em 2007, Terry anunciou que tinha planos para aquele dia em particular e não poderia ir; como John e eu tentávamos reduzir a lista de convidados, foi um alívio. Eu queria tê-lo pressionado; queria ter-lhe dito que precisava desesperadamente que ele estivesse lá. Não pensei que pudesse ter inventado aqueles planos para se antecipar à possibilidade de não ser convidado; não me ocorreu que ele pudesse imaginar que não seria. Na viagem seguinte que fez a Nova York, nos trouxe um presente de casamento, uma foto da construção do pavilhão soviético da Exposição de Paris em 1937, imagem de várias maneiras relacionada a meu primeiro livro. Um presente bem escolhido, próprio de Terry.

A última vez que vi Terry foi quando se hospedou em nossa casa, numa visita a Nova York, no outono de 2008. Ele achava que devia procurar emprego em universidades americanas, porque elas ofereciam estabilidade, enquanto a universidade onde lecionava em Roma, não. Eu disse que era loucura. Ele estava escrevendo seu livro; vivia com Marcello; morava na cidade mais linda do mundo, cercado pela arte, que era sua área profissional. Naquele exato momento, era palestrante convidado da Universidade de Nova York para falar a uma casa lotada. Por que haveria de querer se tornar professor júnior numa obscura faculdade do Meio-Oeste? Ele respondeu que seu livro não havia recebido a acolhida crítica que esperava, e eu repliquei que era um livro esplêndido e brilhante e que publicações acadêmicas levam tempo para ser reconhecidas. Preocupava-o o estado precário das finanças da Universidade Americana de Roma, e temia perder o emprego; mas lembrei-lhe que ele era o membro mais popular do corpo docente da instituição e que Marcello poderia se encarregar das necessidades financeiras deles se fosse preciso. Terry andava inquieto e descontente, mas, quando manifestei preocupação com o que estava acontecendo com ele, insistiu que tudo ia bem. Naquela altura eu era um recém-casado e pai, ocupado com minha própria vida, e aceitei suas palavras tranquilizadoras. As amizades antigas nos impõem hábitos mentais, tenho amigos com quem ainda me preocupo apesar de estarem bem há trinta anos, porque desde o início nosso modelo de amizade envolvia preocupações; o meu padrão de amizade com Terry dizia que eu não devia me preocupar com ele, portanto não me preocupei.

Poucas semanas depois, ele me escreveu dizendo que se sentia um péssimo amigo, insistindo sobretudo que deveria ter se esforçado para ir ao nosso casamento. Escreveu: "Penso no quanto deixei de participar de tantos momentos importantes pelos quais passaram as pessoas que chamo de amigas. Tive um verão muito bom, fazendo um balanço profundo de muitas coisas, medos, ilusões, e com o começo da terapia, finalmente. Marcello também tem sido imensamente solidário enquanto faço ajustes nesta coisa arrogante e amedrontada que sou eu. Ele me ensinou o que é amar, meus olhos estão abertos para o significado da verdadeira amizade e vejo-a operando à minha volta". Eu disse que teríamos adorado vê-lo no casamento, mas que, se ele não soubesse o que era uma verdadeira amizade, não seríamos amigos há tanto tempo. Três meses depois, ele escreveu: "Estou assombrado com a pessoa bagunçadíssima que existe dentro de mim e que nunca tive coragem de levar a sério. Marcello tem sido uma rocha. E você, com as palavras tão amáveis que me disse em setembro. Neste momento de olhar para trás e para a frente, como requer o ano-novo, eu queria dizer do afeto que sinto por você e da dádiva da amizade que tem me oferecido. Quero aprender a desembrulhar melhor esse presente". Apesar de eu me julgar um especialista em depressão, nada disso fez soar o alarme. Achei que a terapia que ele tinha começado era exatamente do que precisava e que esse trabalho, somado ao respaldo emocional das muitas pessoas que o amavam, resolveria fosse o que fosse que estivesse por trás de sua ansiedade.

Meu pai, minha madrasta e meu irmão com sua família estavam todos de viagem marcada para Roma em junho do ano seguinte, 2009, e sugeri que fossem jantar com Terry, ideia que entusiasmou todo mundo. Em seu último e-mail para mim, Terry escreveu: "Reunimo-nos para um relaxante jantar de verão ao ar livre, na Piazza del Popolo. Os garotos correram entusiasmados para dentro da igreja enquanto explorávamos o antepasto de corações de alcachofra. Apesar de curta, a noite recarregou minha bateria. Não devo ter sido a melhor das companhias, na verdade, pois venho me sentindo tomado pelo desespero nestes tempos economicamente difíceis (para a instituição onde trabalho). Marcello tem sido de grande ajuda, com abraços estratégicos quando preciso deles e com sua presença calma e estável. Nem sempre sei direito quanto da minha ansiedade de agora vem da incerteza econômica e quanto tem a ver com minha jornada interior tão pouco oportuna. Andar de montanha-russa durante um terremoto. Deixa pra lá, estou meio cansado. Hora da aula de dança, se a encaro do jeito certo, em geral ela me ajuda muito. Mais uma vez, obrigado por me colocar em contato com sua família, e obrigado por estar presente, como sempre esteve, em espírito. Terry".

Preocupado com minha própria vida, escrevi-lhe um mês depois num misto de otimismo e tagarelice. Ele não respondeu, mas a vida é agitada, e as pessoas nem sempre respondem.

Os diários de Terry indicam que ele começou a pensar a sério em suicídio em 30 de julho de 2009. Escreveu que não tinha amigos; sua carreira era um fracasso; receava ser demitido; estava completamente sozinho na vida. Um artigo que submetera fora devolvido para revisões, com perguntas. Essa é uma prática comum dos periódicos acadêmicos, e todas as revisões eram do tipo que Terry poderia fazer de imediato. Mas pelo visto ele viveu isso como uma profunda rejeição e se deprimiu. "Eu tinha que estar sempre lembrando a ele de suas conquistas", me diria Marcello depois. "Seus livros, seus artigos, os alunos que o adoravam, os amigos, coisas assim." Na última anotação em seu diário, Terry escreveu: "Nada me prende ao mundo a não ser Marcello. O resto é um fracasso total".

Em 12 de outubro, uma segunda-feira, Terry chegou arrasado à terapeuta, tremendo e com dificuldade para falar. Quase tentara o suicídio naquele dia, e se conteve no último minuto por medo do efeito que teria em Marcello. A terapeuta lhe deu um tranquilizante, ele se acalmou, ela lhe perguntou se ele tinha certeza de que estava bem e Terry respondeu que sua cabeça agora estava clara. Terry sempre foi bom ator, e, com a sabedoria que vem depois que as coisas acontecem, cabe nos perguntar que clareza era aquela. Terry saiu da consulta para um encontro com o arquiteto encarregado da reforma do apartamento que ele e Marcello tinham acabado de comprar, e conversou com ele por duas horas sobre vários detalhes da obra com ar sereno. A terapeuta não telefonou para Marcello, que estava em Berlim a trabalho, porque não quis violar a confidencialidade do paciente.

Depressão é uma doença da solidão, e a privacidade de um deprimido nada tem a ver com dignidade; é uma prisão. Os terapeutas podem ser perigosamente ingênuos nesse sentido. Marcello e todos nós que amávamos Terry fomos trancados do lado de fora pela mesma privacidade que o mantinha trancado do lado de dentro. A privacidade é um valor em moda no século XXI, superestimado e, com frequência, destrutivo; foi o maior azar de Terry. O incognoscível nele, que eu achava que fosse apenas uma espécie de estática, era na verdade seu coração.

Naquela noite, Terry ligou para falar com Marcello sobre o projeto de um novo livro e disse que ia colaborar com um colega. Marcello respondeu que Terry era perfeitamente capaz de fazer o livro sozinho e que o tal colega talvez não ajudasse muito. Terry foi irredutível. Em seguida disse a Marcello: "Te amo muito", e desligou. Foram as últimas palavras dele que Marcello ouviu na vida.

Na quarta-feira, Terry Rossi Kirk, de 48 anos, dirigiu duas horas até um lugar inconcebivelmente lindo no campo, estacionou o carro, subiu 2 mil metros, até onde não pudesse ser visto nem encontrado, e cortou os pulsos.

Quando ele não foi à terapia na quarta-feira, a terapeuta telefonou para a polícia, que foi ao apartamento, arrombou a porta e ligou para Marcello para contar sobre um bilhete encontrado, que dizia o seguinte: "Não posso mais viver. Estou indo para a Suíça. Me desculpe, Marcello". Como na Suíça existe suicídio assistido, Terry e Marcello tinham combinado muito tempo antes que, se um dos dois ficasse velho demais, e senil, o outro "o levaria para a Suíça". Marcello soube de imediato o que aquilo significava. A polícia lhe perguntou se sabia onde Terry poderia estar, e Marcello respondeu: "Não é na Suíça".

Terry sempre desejou intimidade e ficava deprimido quando Marcello estava longe, mas também queria independência e queixava-se de depender demais de um único ponto de apoio emocional. No fim de 2008, Marcello tinha dito a Terry que o amava; que o apoiaria financeiramente e de outras formas; que iam comprar duas casas lindas (um apartamento em Roma e um lugar no campo na Úmbria) para terem uma boa vida; e que Terry deveria aproveitar a mordomia e pôr as coisas em ordem. "Dez anos atrás, eu era inseguro e infeliz", disse Marcello, "e não poderia ter sido seu ponto de apoio, porque eu mesmo enfrentava esses problemas, mas agora posso. Estou aqui para o que for preciso, e você pode dar um jeito nessas suas ansiedades." Marcello é que o incentivou a tentar a psicoterapia. Terry disse, à sua maneira otimista, que seria capaz de pôr tudo em ordem em seis meses, e Marcello respondeu: "Com sorte conseguirá em seis anos, Terry, porque a psicanálise é um processo profundo e doloroso, mas o admiro por tomar essa decisão, e vou cuidar de tudo enquanto você cuida de si mesmo. Temos força suficiente, nós dois juntos".

Depois que Terry morreu, Marcello me disse: "A falta de autoestima dele era como um buraco negro; nada jamais o preencheria. Ninguém nunca seria capaz de prestar atenção suficiente em Terry. Ele tinha uma necessidade insaciável de atenção, dos amigos, de mim, das pessoas ao seu redor, do mundo inteiro. Vivia insatisfeito e frustrado; havia alguma coisa dentro dele que não funcionava. Achei que ele seria capaz de dar um jeito nisso, que nós dois seríamos capazes de dar um jeito, mas agora não teremos mais essa chance". E acrescentou: "Terry era na verdade duas pessoas. Uma era o artista, o Terry charmoso, o Terry alegre. A outra parte era o Terry sombrio, quase outra pessoa, esse Terry sem respeito por si mesmo, sem amor por si mesmo, sem autoestima. Esse Terry solitário. Ambos reais, ambos parte de quem ele era. Mesmo quem só conheceu o Terry artista conheceu um Terry verdadeiro".

Nosso amigo James me escreveu: "Lembra de uma manhã bem cedo que nos encontramos por acaso, nós três, debaixo da Harkness Tower, à entrada do Campus Velho? Eu tinha tido uma noite ruim, e lá estavam você e Terry — ele de capa, claro —, parados ali como dois anjos. Que sorte topar com vocês naquele momento, naquele lugar. A vida raras vezes é tão graciosa". Nosso amigo Tizzy escreveu: "Minha primeira festa dançante em Yale com o elenco de *Grease*. Terry e eu demos uma de malucos, praticamente Fred e Ginger doidões. A gente rodopiava, se separava, a gente subia pelas mesas e pelas paredes. Fomos tão escandalosos que o salão inteiro de alunos de Yale aplaudiu quando Terry me deixou cair de cabeça. Terry odeia que eu conte essa história. Mas eu odeio que Terry esteja morto, por isso estamos quites. Você só começava a viver quando era acordado por aquele rosto alegre e franco, tão cheio de possibilidades para o seu dia. É o que tenho. Levando tudo em conta, acho que é muita coisa. Mas era para ser mais". Maggie escreveu: "Eu estava num quarto, em Branford? no escuro? na penumbra? com você? com Paul? me acabando de dançar ao som de 'Thriller' quando Terry chegou em casa. Sem pestanejar, ele jogou sua capa numa cadeira e começou a dançar também. É muito triste que Terry tenha se matado. É muito triste que Terry um dia tivesse que morrer".

A efusão de dor provocada pela morte de Terry manifestou--se no grande estilo que ele tanto amava. A primeira reação à notícia do suicídio de alguém é começar a fazer coisas, contatar seus conhecidos, envolver-se com todos os símbolos tranquilizadoramente penosos da morte. Ouvimos sua música favorita, lemos seus livros favoritos; desenterramos suas cartas. Escrevemos sobre ele; em nossa cabeça, escrevemos para ele. Tentamos fazer tudo que não fazíamos tanto assim quando ele era vivo, como se só fôssemos capazes de agir por amor quando ele acaba. Nosso coração começa a se alargar com todas as lembranças de que não consegue se livrar — lembranças de felicidade, tristes por serem uma perda de tempo; e lembranças de tristeza, tristes por sua própria essência. Iniciei um processo de reler e-mails, reviver conversas e recordar experiências, e era como se pela primeira vez eu percebesse quanto tinha amado Terry e como quase não me dera conta disso. Não sei o que é pior: imaginar que falar desse amor talvez tivesse aliviado seu desespero ou imaginar que não teria. Nada é mais presente do que a ausência. O mundo com Terry era um mundo repleto de outras pessoas; o mundo sem Terry é um mundo no qual parece que só ele está faltando.

Voltei a entrar em contato com todos os nossos amigos comuns, e com alguns eu não falava havia três décadas. Fico pensando em como Terry teria amado saber que foi o único assunto a ocupar nossa mente mês após mês. Ainda é difícil acreditar que não estejamos planejando nenhuma festa surpresa para ele, que depois de todo esse transbordamento de emoções ele não vai entrar de repente, deliciado, com sua capa verde. Teria sido a sua 25ª reunião na primavera de 2009, e eu esperava que ele pegasse um voo para os Estados Unidos só para isso. Aquela primavera foi minha, e a sombra de sete meses de sua morte projetava-se sobre tudo que acontecia em New Haven; Terry tinha levado com ele uma agradável névoa de lembranças. Entristecera corações sobre os quais pensava não ter nenhum controle. Se soubesse que tinha, teria se salvado? Saber do efeito de seu suicídio teria bastado para impedi-lo? Se o tivéssemos amado vivo como o amamos morto, ainda estaria vivo? Suas esperanças frustradas significam que a alegria que sentiu nunca foi real? E a alegria que deu aos outros? Teremos que devolvê-la? Será que ela pode sobreviver no mundo sem ele? A morte sempre esteve escrita em você, Terry? Deveríamos ter sabido vê-la? Nos tempos da capa verde e da bota Charles Jourdan, deveríamos ter sabido que você era tão trágico quanto as óperas cuja absurda teatralidade tanto amava? Permanecíamos cegos por negligência, por não querermos enxergar você ou por vivermos na ilusão de que as superfícies onde navegávamos eram profundezas?

Embora algumas pessoas adquiram o pior de sua angústia de modo vulcânico e precoce, em outras ela se desenvolve como uma plataforma continental. Pessoas se matam em qualquer fase da vida. Terry estaria mais inclinado a cometer suicídio se fosse velho, húngaro e estivesse em abril, mas nada disso foi verdade, e a vasta ciência sobre o assunto é em essência um compêndio dessas correlações. O fato de alguém ser extremamente feliz não significa que não seja extremamente triste; a extrema felicidade é em geral uma janela para a tristeza, se soubermos olhar por ela. E apesar disso continuei acreditando num jeito Terry de ser que era refratário a estragos. Não me dei conta de que Terry tinha perce-

24

bido uma pressão para ser exuberante, um imperativo que o fazia se sentir fracassado sempre que ficava triste. Da sensação de fracasso nasceu nele uma grande escuridão, em descompasso com uma disposição da vida inteira, e no fim sua etiqueta pessoal de euforia eclipsou sua decadência clínica, a ponto de nenhum de nós ter sabido ver, nem mesmo aqueles que se especializavam no psiquismo humano.

Terry tinha uma doença que era distinta de sua personalidade, mas contígua a ela. Foi corajoso o suficiente para iniciar o tratamento, para buscar compreender, mas a compreensão não o resgatou, como geralmente costuma fazer. É triste expressarmos nossa dor com palavras e descobrirmos que a dor não é afetada por essa formulação. É uma traição — a traição inerente, na arte e na filosofia, às claras descrições do que elas não conseguem aperfeiçoar. Para Terry, historiador da arte e filósofo, essa traição familiar tornou-se um estado patológico. A psicanálise pode buscar experiências e traumas iniciais; a teoria social pode atribuir coisas a um estilo emocional ou à homofobia. Behavioristas podem responsabilizar a forma como ele processava suas experiências ou as histórias que contava a si mesmo. Neurobiólogos podem comentar o ritmo com que seu cérebro absorvia serotonina. O que se pode afirmar com certeza é que os indícios dados por Terry de que estava deprimido nos pareceram menores — a todos nós que convivíamos com ele — do que acabou se revelando a depressão que eles denunciavam. Por que aquele outubro? Por que daquela maneira? Por que, se ainda era Terry o suficiente para escolher um lugar tão belo, ele não quis mais viver? A vida é inimaginável para uma pessoa de vinte anos, e não há instruções que permitam ver o caminho até o fim. Mas se alguém consegue chegar aos 48, o que deu de tão errado na vida a ponto de tornar a perspectiva de chegar aos 49 pior do que a perspectiva de ter chegado aos 47 dois anos antes? O que fez a esperança parecer tão de repente uma atitude ingênua, se ela o protegeu durante tantas décadas?

Ninguém que tenha conhecido uma pessoa que se matou consegue se livrar do fardo da culpa. O suicídio é o fracasso de mil chances de ajuda, da capacidade coletiva de salvar aquele que morreu. O suicídio nos leva de volta à tragédia como um tema que perpassa todo tipo de experiência. Eu e outros amigos de Terry, pranteando juntos, concluímos que não teríamos conseguido alterar sua tristeza, mas prefiro pensar que eu talvez lhe pudesse ter ensinado o prazer da tristeza, coisa que seu implacável alto-astral o impediu de aprender. Poderíamos ter explicado que é possível estar esmagado pela tristeza e ainda assim achar sentido nessa tristeza, razão suficiente para continuar vivendo. O estranho é que Terry foi uma das pessoas que me ensinaram isso; nossa amizade foi uma longa lição de resistência. Em meus tempos de escuridão, ele era parte dos andaimes que me sustentavam no mundo. Terry, que animou minha mãe antes de ela morrer, tinha morrido de desânimo. Não haverá uma matemática capaz de resolver essa equação avariada?

Eu queria perguntar a Marcello se aqueles dias tinham sido felizes para Terry, aqueles que mantive vivos em minha memória da época em que moramos juntos no Silliman, se Terry também se lembrava deles com carinho. Eu sabia que havia falhado em entender a pessoa que ele se tornou, mas me perguntava se pelo menos entendera direito quem ele era. Mas achei que não devia atormentar Marcello com meu desejo trivial de afirmação e guardei minhas inquietações comigo mesmo. Dez dias depois do suicídio, espontaneamente, Marcello me contou por e-mail que tinha sido chamado ao necrotério para preparar a cremação de Terry. "Disseram-me para levar umas roupas", ele escreveu, "e acho que Terry teria gostado da jaqueta de Yale."

A morte da luz[*]

Quando aconteceu, eu tinha 27 anos. Entendi e acreditei nos motivos do suicídio de minha mãe. Ela estava nos estágios finais de um câncer terminal. Na verdade, com meu pai e meu irmão, ajudei minha mãe a se matar e, ao fazê-lo, senti uma grande intimidade com ela. Todos nós acreditávamos no que ela fez. Não foi fácil tomar aquela decisão. Foi lento, confuso e esquisito. Sua complexidade era tão loucamente individual quanto as experiências de amor que conduzem ao casamento.

O suicídio de minha mãe foi o cataclismo da minha vida, apesar de eu admirá-la por isso e de aceitá-lo. Deixou-me tão acabrunhado por algum tempo que eu quase preferia não pensar ou falar sobre os detalhes. Simplesmente por ter acontecido é agora um fato da minha vida, e estou disposto a compartilhá-lo corajosamente com qualquer pessoa que me pergunte a respeito. A realidade do que ocorreu, porém, é como uma coisa pontiaguda incrustada em mim que fere sempre que me mexo.

---

[*] Excerto de: Andrew Solomon, *O demônio do meio-dia: Uma anatomia da depressão* (2001). São Paulo: Companhia das Letras, 2014.

Em nossa família, conversas sobre eutanásia começaram bem antes de minha mãe desenvolver o câncer. Todos nós assinamos testamentos vitais no começo dos anos 1980 e falávamos, na época — em termos totalmente abstratos —, de como era pouco civilizado que as opções de eutanásia, conhecidamente disponíveis na Holanda, não existissem no resto do mundo.

"Detesto dor", comentou minha mãe certa vez, de modo casual. "Se eu chegar a ponto de ficar reduzida à dor, espero que um de vocês me dê um tiro." Todos nós concordamos, rindo. Todos nós detestávamos dor, todos achávamos que uma morte sossegada era a melhor das mortes — durante o sono, em casa, quando já fôssemos bem velhos. Jovem e otimista, eu imaginava que todos morreríamos desse modo, em algum momento de um futuro muito distante.

Em agosto de 1989, o câncer de ovário de minha mãe foi diagnosticado. Durante sua primeira semana no hospital, ela anunciou que ia se matar. Todos tentamos não levar a sério essa declaração, e ela não insistiu no assunto. Naquele momento ela não estava falando de um projeto deliberado de dar fim a seus sintomas, apenas expressava um sentimento de raiva das indignidades que a aguardavam e um medo profundo de perder o controle de sua vida. Falou de suicídio, na ocasião, como alguém que sofre uma decepção amorosa fala de suicídio, como uma alternativa rápida e fácil para o lento e doloroso processo de recuperação. Era como se quisesse se vingar da afronta que recebera da natureza: se sua vida não pudesse ser tão agradável quanto tinha sido, não queria mais saber dela.

O assunto ficou adormecido enquanto minha mãe passava por uma série excruciante de sessões de quimioterapia. Quando, dez meses depois, ela foi submetida a uma cirurgia exploratória para avaliar a eficácia do tratamento, descobrimos que não fora tão efetivo quanto esperávamos, e uma segunda série foi prescrita.

Depois da cirurgia, ela resistiu por longo tempo à consciência, forjada pela raiva. Quando finalmente voltou a falar, uma enxurrada de cólera jorrou dela, e dessa vez dizer que ia se matar foi uma ameaça. Nossos protestos foram rejeitados com violência.

"Já estou morta", ela disse, deitada na cama do hospital. "O que há aqui para vocês amarem?" Ou dava instruções: "Se me amassem mesmo, me ajudariam a sair desta infelicidade". Sua débil fé na quimioterapia desapareceu, e ela insistia, como condição para aceitar outra série do terrível tratamento, em que alguém lhe conseguisse "aqueles comprimidos" — Seconal, nome comercial da droga secobarbital — para que ela pudesse parar quando estivesse pronta.

Temos a tendência de fazer a vontade dos doentes graves. Não havia outra resposta à raiva e ao desespero de minha mãe que não fosse dizer sim a suas exigências. Eu morava em Londres na época: ia a Nova York de duas em duas semanas para vê-la. Meu irmão, David, estudava direito em New Haven, Connecticut, e passava longos dias no trem. Meu pai negligenciava o escritório para ficar em casa.

Todos nós vivíamos grudados à minha mãe — que sempre fora o centro da nossa unida família — e oscilávamos entre um tom leve mas significativo e uma assustadora solenidade.

Ainda assim, quando ela se tornou uma cópia menos tensa de si mesma, a ideia de suicídio, embora tivesse ganhado ressonância, retrocedeu. A segunda série de quimioterapia de minha mãe parecia estar funcionando, e meu pai havia pesquisado outras seis opções de tratamento.

Às quatro horas de uma tempestuosa tarde de setembro de 1990, liguei para saber do resultado de um teste que deveria sair naquele dia. Quando meu pai atendeu, percebi de imediato o que tinha acontecido. Ele me disse que continuaríamos com aquela terapia, enquanto buscávamos outras opções. Eu não tinha a menor dúvida sobre que outras opções minha mãe estaria buscando, por isso não deveria ter ficado surpreso quando ela me disse, em outubro, durante o almoço, que os detalhes técnicos haviam sido providenciados e que ela já tinha os comprimidos.

Nas primeiras fases da doença, minha mãe perdera sua beleza física como efeito colateral do tratamento, uma devastação tão evidente que só meu pai fingia não perceber. Ela tinha sido uma mulher bonita e achava os desgastes físicos da quimioterapia intensamente dolorosos — o cabelo caíra, a pele se tornara alérgica a qualquer maquiagem, o corpo emaciado, os olhos rodeados de olheiras e as pálpebras sempre caídas.

Na época daquele almoço em outubro, porém, ela começara a adquirir uma nova espécie de beleza, pálida e etérea, em tudo diferente da sua aparência de cinquenta anos tipicamente americana, de que eu me lembrava dos tempos de criança.

O momento em que minha mãe de fato buscou os comprimidos foi também o momento em que aceitou que estava morrendo, e essa aceitação lhe conferiu uma luz, ao mesmo tempo física e profunda, que me pareceu mais poderosa do que sua decadência. Quando penso naquele almoço, lembro-me, entre outras coisas, de como minha mãe tinha voltado a ser bonita.

Enquanto comíamos, declarei que ela talvez ainda dispusesse de muito tempo, e ela disse que sempre acreditara em planejar as coisas com cuidado e que agora que tinha os comprimidos podia relaxar e aproveitar o que ainda lhe restasse de tempo sem se preocupar com o fim. A eutanásia é uma questão de prazo, e perguntei a minha mãe qual seria sua data-limite. "Enquanto houver a mais remota chance de eu ficar boa", ela disse, "continuarei com o tratamento. Quando disserem que estão me mantendo viva, mas sem a menor chance de recuperação, então eu paro. Não se preocupe. Não vou tomar os comprimidos antes disso. Até lá, minha intenção é aproveitar todo o tempo que me resta." Tudo que minha mãe considerara intolerável tornou-se tolerável quando ela obteve os comprimidos, pela certeza de que a vida, quando ficasse insuportável, seria interrompida. Os oito meses que se seguiram, embora conduzissem à sua morte, foram os mais felizes da sua doença. Apesar ou por causa do sofrimento que havia neles, para nós foram os meses mais felizes de nossa vida.

Uma vez decidido o futuro, pudemos viver plenamente o presente, coisa que nenhum de nós tinha feito até então. Preciso ressaltar que os vômitos, a indisposição e a queda de cabelo eram implacáveis, que a boca de minha mãe era uma grande chaga que parecia não sarar nunca, que ela precisava economizar forças durante dias para ter uma tarde de lazer, que não podia quase comer nada, que era um poço de alergias e que tremia tanto, em certos dias, que não conseguia usar faca e garfo.

Apesar disso, o tão doloroso problema da quimioterapia contínua pareceu de repente perder importância, pois esses sintomas só seriam permanentes até ela concluir que não aguentaria mais, portanto a doença não a tinha mais sob seu controle. Minha mãe era uma mulher afetuosa e, naqueles meses, entregou-se ao amor como nunca vi ninguém fazer. Tinha cuidado de cada detalhe, e meu pai, que era chegado a um planejamento meticuloso, reexaminou tudo como se um ensaio geral fosse capaz de eliminar parte da dor do próprio acontecimento. Discutimos todos os pormenores, até mesmo qual seria a funerária. Planejamos tudo juntos, mais ou menos como tínhamos organizado nossas festas e nossos natais. Descobrimos uma etiqueta para todo o processo. Minha mãe, muito tranquilamente, começou a tornar suas emoções bem claras para nós, com a intenção, ao longo de poucos meses, de resolver todas as diferenças familiares.

Falava sobre o quanto nos amava e desenterrou a forma e a estrutura desse amor; resolveu antigas ambivalências e enunciou uma nova clareza de aceitação. Dedicou dias separados a cada um de seus amigos — e tinha muitos — para lhes dizer adeus.

31

Ria muito nesse período; seu senso de humor, caloroso e abrangente, pareceu ampliar-se para incluir os médicos que a envenenavam todos os meses e as enfermeiras que testemunhavam sua decadência. Dava pequenas coisas às pessoas e separou coisas maiores que ainda não seriam doadas.

Mandou estofar todos os móveis, para deixar a casa mais ou menos em ordem, e escolheu a forma de sua lápide.

O fato de que seus planos de suicídio seriam realizados pareceu se instalar em nós. Mais tarde, ela disse que tinha pensado em fazer a coisa toda sozinha, mas acabou achando que o choque seria pior do que as lembranças de termos estado com ela nessa experiência. Quanto a nós... queríamos estar lá. A vida de minha mãe era ao redor de outras pessoas, e odiávamos a ideia de ela morrer sozinha.

Se você nunca tentou isso ou nunca ajudou outra pessoa a fazê-lo, não tem como sequer começar a imaginar como é difícil alguém se matar. Se a morte fosse uma coisa passiva, que ocorresse aos que não se importassem de resistir a ela, e se a vida fosse uma coisa ativa, que prosseguisse apenas em virtude de um compromisso diário com ela, então o problema do mundo seria falta e não excesso de população. Uma quantidade imensa de pessoas vive em silencioso desespero e não se mata por não conseguir os meios necessários para fazê-lo.

Minha mãe decidiu se matar no dia 19 de junho de 1991, aos 58 anos, porque se esperasse mais tempo ficaria fraca demais para tirar a própria vida.

O suicídio requer força e uma espécie de privacidade que não existe nos hospitais. Naquela tarde, minha mãe foi ver um gastroenterologista que lhe disse que grandes tumores estavam bloqueando seu intestino. Sem uma cirurgia imediata, ela ficaria incapaz de digerir alimentos. Ela disse que entraria em contato para marcar a cirurgia, depois foi ao encontro de meu pai na sala de espera.

Quando chegaram em casa, ela nos chamou, a mim e ao meu irmão. As notícias eram ruins, ela disse calmamente. Eu soube o que aquilo significava, mas não tive coragem de dizê-lo.

"Acho que chegou a hora", disse ela. "É melhor você vir." Tudo correu como havíamos planejado. Segui para lá, passando antes pelo escritório do meu irmão para pegá-lo.

Chovia muito e o trânsito estava lento. A voz calma de minha mãe tinha feito tudo parecer simples. Quando chegamos, ela estava lúcida e relaxada, usando uma camisola estampada com rosas cor-de-rosa e um longo roupão.

"O combinado é que você tente fazer um pequeno lanche", disse meu pai. "Ajuda a manter os comprimidos no estômago." Assim, fomos até a cozinha e minha mãe fez muffins e chá. Meu irmão pegou uma caixa de biscoitos e minha mãe, com aquele tom de terna ironia que era tão seu, disse: "David, pela última vez, dá para colocar os biscoitos num prato?". O mais curioso dessa experiência é que não havia nela nada de repentino ou de não planejado. O drama estava na ausência do drama, na sufocante experiência de não agir fora do personagem em nenhum sentido.

De volta a seu quarto, minha mãe pediu desculpas mais uma vez por nos envolver naquilo. "Mas pelo menos vocês três vão ficar juntos", acrescentou. Minha mãe — que sempre acreditou ser necessário manter um estoque adequado de tudo — na verdade tinha duas vezes mais Seconal do que precisava. Ela se sentou na cama e derramou quarenta comprimidos no cobertor diante de si. "Estou tão cansada de tomar comprimidos…", disse com ironia. "Está aí uma coisa de que não vou sentir falta." E começou a tomá-los com uma sutileza de especialista, como se os milhares de comprimidos que tomara durante dois anos de tratamento contra o câncer tivessem sido um ensaio para aquele momento.

"Acho que isto deve resolver", disse ela quando o monte desapareceu. Tentou tomar um copo de vodca, mas disse que estava ficando enjoada. "Com certeza isto é melhor do que vocês me verem gritando numa cama de hospital, não é?" Claro que era melhor, exceto que aquela imagem ainda era só uma fantasia, enquanto esta se tornara realidade. A realidade, nesses casos, na verdade é pior do que qualquer coisa.

Então tivemos cerca de 45 minutos para que ela dissesse as últimas coisas que queria dizer e para que nós disséssemos as últimas coisas que queríamos dizer. Aos poucos, sua voz foi se tornando arrastada, mas para mim estava claro que o que ela dizia também tinha sido planejado. E foi então que o drama de sua morte sobreveio, porque, à medida que ela ia ficando mais entorpecida também ficava ainda mais clara, e me pareceu que estava falando mais do que poderia ter planejado.

"Vocês foram as crianças mais amadas", disse, olhando para nós. "Até vocês nascerem, eu não fazia ideia de que pudesse sentir alguma coisa parecida com o que senti. De repente, lá estavam vocês. A vida inteira eu tinha lido livros sobre mães que bravamente diziam que morreriam pelos filhos, e foi exatamente o que senti. Eu teria morrido por vocês. Eu odiava pensar que pudessem ser infelizes. Eu queria embrulhá-los no meu amor, protegê-los de todas as coisas terríveis que há no mundo. Queria que o meu amor fizesse do mundo um lugar feliz, alegre e seguro para vocês." David e eu estávamos sentados na cama de meus pais, com minha mãe deitada em seu lugar de sempre. Ela segurou minha mão por um segundo, depois a de David. "Quero que sintam que meu amor estará sempre aqui, que ele continuará envolvendo vocês mesmo depois que eu partir. Minha maior esperança é que o amor que eu dei a vocês fique com vocês a vida inteira." Sua voz estava firme a essa altura, como se não lutasse contra o tempo. Ela se virou para meu pai. "Eu teria com prazer dado décadas da minha vida para ser a primeira a ir embora", disse. "Não imagino o que seria de mim se você tivesse morrido antes, Howard. Você é a minha vida. Há trinta anos você tem sido a minha vida." Depois olhou para meu irmão e para mim. "Então você nasceu, Andrew. Depois você, David. E havia três pessoas que realmente me amavam. Eu amei todos vocês. Fiquei arrebatada, fortalecida demais por isso." Ela me olhou — eu estava chorando, embora ela não estivesse — e adotou um tom de suave repreensão. "Não pense que estará me prestando uma grande homenagem se permitir que minha morte se torne o grande acontecimento da sua vida", disse ela. "A melhor homenagem que você pode me prestar como mãe é seguir em frente e ter uma vida boa e plena. Usufrua o que você tem."

Então sua voz tornou-se onírica, entorpecida. "Estou triste hoje. Estou triste por ir embora", disse. "Mas, mesmo com esta morte, eu não trocaria minha vida por nenhuma outra no mundo. Amei plenamente, tenho sido amada plenamente e me diverti muito." Fechou os olhos pelo que achamos ser a última vez, depois os abriu de novo e olhou para cada um de nós, os olhos indo pousar em meu pai. "Procurei tantas coisas nesta vida", disse, a voz lenta como um disco tocado na rotação errada. "Tantas coisas. E o tempo todo o paraíso estava neste quarto com vocês três." Meu irmão massageava os ombros dela. "Obrigada pela massagem, David", disse, e fechou os olhos para sempre.

"Carolyn!", disse meu pai, mas ela não se mexeu mais. Eu já tinha presenciado outra morte — alguém que levou um tiro — e lembro de sentir que aquela morte não pertencia à pessoa que morrera; pertencia à arma e ao momento. A morte de minha mãe era toda dela.

Depois da morte de minha mãe, fui eu que coloquei em ordem o apartamento de meus pais, separando as roupas dela, seus documentos pessoais, e assim por diante. Num canto do fundo da caixa de remédios, atrás das vitaminas, dos analgésicos, dos medicamentos para acalmar o estômago, dos comprimidos para reequilibrar certos hormônios — atrás de tudo isso encontrei, como o último presente da caixa de Pandora, o resto do Seconal.

Eu estava ocupado, jogando fora um frasco atrás do outro, mas ao chegar a esses comprimidos, parei. Com medo tanto das doenças como do desespero, guardei o frasco no bolso e o escondi no canto mais oculto do meu armário de remédios. Lembrei daquele dia de outubro em que minha mãe me disse: "Tenho os comprimidos. Quando chegar a hora, vou poder agir".

Dez dias depois que terminei de arrumar o banheiro de minha mãe, meu pai me ligou, furioso. "O que aconteceu com o resto do Seconal?", perguntou, e eu disse que tinha jogado fora todos os comprimidos da casa que estavam com o nome de minha mãe. Acrescentei que ele parecia bastante deprimido e que me incomodava pensar que ele tivesse acesso à droga. "Aqueles comprimidos", disse ele, a voz alquebrada, "você não tinha o direito de jogar fora." Depois de uma longa pausa, revelou: "Eu estava guardando para mim, caso um dia ficasse doente. Assim eu não precisaria passar por todo o processo para adquiri-los." Acho que, para cada um de nós, era como se minha mãe vivesse naqueles comprimidos vermelhos, como se quem estivesse de posse do veneno através do qual ela havia morrido pudesse manter um estranho acesso à vida dela. Como se, ao planejarmos tomar os comprimidos que sobraram, de alguma forma nos reconectássemos com minha mãe, como se pudéssemos nos juntar a ela morrendo como ela morreu. Então entendi a dinâmica das epidemias de suicídio. Nosso único consolo em face da nossa perda era planejar repetirmos nós mesmos o método de minha mãe morrer. Só anos depois abolimos essa maneira de pensar, construindo uma história melhor para nós. Meu resgate da depressão foi um triunfo do amor de meu pai, e da inteligência e da vontade: ele havia tentado salvar um membro da família e fracassou, mas conseguiu salvar outro. Tínhamos participado de um suicídio e evitado outro.

Anthony Bourdain, Kate Spade e as tragédias do suicídio que podem ser evitadas*

A frequência com que pessoas altamente talentosas e bem--sucedidas cometem suicídio é aflitiva. Ela nos mostra que uma vida de aplausos não é tão boa quanto se diz e que conseguir mais do que já conseguimos não nos fará mais felizes. Ao mesmo tempo, revela que ninguém está a salvo do suicídio, que as defesas que imaginamos ter, sejam elas quais forem, provavelmente são inadequadas. As bolsas Kate Spade eram alegres e engraçadas. A aparência pouco convencional de Kate tinha uma exuberância inequívoca e construída sob medida. Anthony Bourdain era de uma produtividade quase inconcebível e recebeu tantos prêmios que parecia pronto para conceder um prêmio a seu prêmio favorito. Suicídios eminentes como esses provocam suicídios por imitação; houve um aumento de quase 10% nas taxas de suicídio depois da morte de Robin Williams. Ocorre sempre uma alta depois de acontecimentos de tanto destaque. Estatisticamente, você que está lendo isto corre, neste exato momento, um risco maior de

---

* Publicado pela primeira vez em: *New Yorker*, 8 jun. 2018.

cometer suicídio. Quem sabe Bourdain tinha lido sobre o suicídio de Kate Spade quando se preparava para fazer a mesma coisa? Estatisticamente, estamos todos mais próximos de nos matar do que estávamos dez anos atrás. Essa maior vulnerabilidade é, em si, deprimente, e essa informação deprimente interage com nossos eus desprotegidos. Se a vida não valia a pena para pessoas como Bourdain e Kate, como nossas vidas mais comuns vão resistir? Aqueles de nós que têm depressão clínica podem sentir com mais força o ímpeto suicida com esse tipo de notícia. A distância entre o triunfo público e o desespero particular é traiçoeira, com a capa exterior obscurecendo a pessoa real até mesmo para aqueles com quem ela proclamava intimidade.

Uma opinião antiga e muito popular nos meios que cuidam de saúde mental é a de que o suicídio é um sintoma de depressão e que, se tratássemos a depressão de modo adequado, o suicídio seria basicamente coisa do passado. Fomos informados sobre possíveis aflições conjugais de Kate Spade, como se aflições conjugais explicassem e justificassem o suicídio. É verdade que, em pessoas com tendência significativa para o suicídio, fatores externos podem deflagrar o ato, mas situações difíceis não costumam explicar por completo a escolha de alguém de acabar com a própria vida. As pessoas devem ter uma vulnerabilidade intrínseca; para cada homem que se mata quando é abandonado pela mulher, há centenas que não se matam ao passar pela mesma situação.

Um novo relatório dos Centros de Controle e Prevenção de Doenças (CDC) mostra um crescimento significativo no número de suicídios nos Estados Unidos na última década, e afirma que 54% dos suicidas analisados não tinham problema de saúde mental já conhecido. "Na verdade, essas pessoas sofriam de outros problemas, como dificuldade de relacionamento, abuso de substâncias, problemas de saúde física, problemas no trabalho ou financeiros, crises recentes ou preocupação antecipada com coisas que podiam acontecer em sua vida", disse à National Public Radio (NPR) Debora Stone, cientista behaviorista do CDC e principal autora do novo estudo.

Mas esses resultados, acima de tudo, lançam dúvidas sobre a definição de problemas de saúde mental. Para alguém que não sofra de um transtorno ou de uma doença mental, será que o suicídio pareceria a solução permanente para aflições temporárias? O suicídio é resultado de desespero, desamparo, da sensação de ser um fardo para os outros. Pode ser alimentado por uma doença mental ou por circunstâncias da vida, mas quase sempre é resultado das duas coisas. "As taxas mais altas ocorrem entre homens brancos na casa dos cinquenta ou dos sessenta anos", me disse Victor Schwartz, médico responsável da JED Foundation, grupo de prevenção do suicídio. "Divórcio, perda da família, a sensação de não haver mais um caminho à frente. Esse é um lugar desesperador para estar. Acrescente álcool e uma arma, e torna-se letal."

O suicídio cresce no país inteiro. Mata mais americanos por ano do que os acidentes automobilísticos. Subiu 25% nas duas últimas décadas, com aumento em quase todos os estados. Só em 2016 ocorreram cerca de 45 mil mortes por suicídio nos Estados Unidos. É hoje uma das dez principais causas de morte no país e uma das três principais entre adolescentes. Qual será a explicação para esse avanço catastrófico? As respostas rodopiam como nuvem de poeira. A dependência de opioides precipita o suicídio, e muitas drogas viciantes são fáceis de ingerir em doses fatais, em especial opioides combinados com benzodiazepinas. Um terço dos americanos padece de privação do sono, e a privação do sono tem um efeito devastador sobre a saúde mental. O sistema de saúde mental deteriorou-se; de acordo com Schwartz, há menos acesso a uma boa assistência na maior parte do país do que havia quinze ou vinte anos atrás. Os índices de depressão em adolescentes vêm subindo desde 2011, os estudantes estão contraindo mais dívidas e enfrentando mais incertezas sobre a vida. Apesar do crescimento da economia, as pessoas que hoje têm um emprego não se sentem seguras de que estarão empregadas amanhã; com a automação, muitos empregos parecem terrivelmente instáveis. E a rede de segurança social vem se retraindo a todo momento.

A proximidade de meios de suicídio incha os índices de suicídio; quando se reduz o acesso aos meios de suicídio, reduz-se também o suicídio. Quando barreiras foram erguidas na ponte Golden Gate, os índices de suicídio diminuíram em San Francisco. A Austrália viu seus índices de suicídio baixarem quando impôs restrições ao uso de armas. Cinquenta por cento dos suicídios americanos envolvem arma de fogo. O controle de armas de fogo seria a forma mais rápida de reduzir suicídios nos Estados Unidos. Enquanto apenas cerca de 10% dos que tentam uma overdose de comprimidos obtêm êxito, de acordo com Schwartz, cerca de 90% dos que tentam com uma arma de fogo conseguem pôr fim à vida. O suicídio é, com frequência, um ato impulsivo e, se os meios não estiverem à mão, o impulso passa e as pessoas vão em frente e vivem bem.

John MacPhee, diretor-executivo da JED Foundation, me disse o seguinte: "Examinando os dados do CDC, parece haver uma relação com estar na zona rural; os índices estão aumentando mais nas mesmas áreas demográficas em que a dependência de opioides e a posse de armas coincidem com dificuldades econômicas. Ao mesmo tempo, jovens de todos os lugares percebem que os obstáculos a superar estão cada vez mais altos, e que eles também são binários: na vida você ganha ou perde. Garotos exigem muito de si mesmos, vivem sob grande tensão e há muito mais ansiedade. Há normatizações sociais: a presença de suicídios na mídia cujas formas produzem um impacto trágico em muitas pessoas". Schwartz observa que tiroteios em escolas diminuem a sensação de segurança; jovens que já são ansiosos têm a ansiedade validada pelas notícias de Parkland ou de Santa Fé. Mas os tiroteios também afetam os adultos; se as escolas tornaram-se inseguras, que segurança real qualquer um de nós pode ter?

A modernidade é alienante, e tem sido alienante há muito tempo; atentem para um quadro de Edward Hopper, se acham que essa desgraça pós-industrial só surgiu depois que a internet foi inventada. Isolamento é outro significativo risco de suicídio. Pessoas que acreditam que ninguém sentirá falta delas contam com pouca coisa a servir de barreira entre elas e o ato final. Como alguém que tem escrito e falado sobre depressão, com frequência recebo cartas de pessoas que lutam com essa condição, e o que mais me chama a atenção é o quanto muitas delas são solitárias. Sei de pessoas que se levantam, tomam o café da manhã, vão para um trabalho onde interagem com uma máquina o dia inteiro, compram comida na volta para casa, comem na frente da televisão e vão dormir. Essas pessoas são tão solitárias que ficam verdadeiramente invisíveis para nós; não interagimos com elas o bastante para perceber sua infelicidade. Muitas descrevem sentimentos suicidas.

Não existem soluções perfeitas; não está a caminho nenhuma vacina contra o suicídio. "Precisamos fortalecer nosso sistema de saúde mental: não estamos treinando clínicos em número suficiente, não estamos construindo clínicas em número suficiente no país", diz Schwartz. "Muitos clínicos não recebem treinamento para prevenção do suicídio. Precisamos de programas preventivos de saúde pública para lidarmos com a depressão e a ansiedade no estágio pré-crise. Todas as escolas deveriam abordar o assunto — assim como todo empregador e toda cidade pequena." Precisamos também de uma estrutura de seguros que ofereça a mais pessoas com dificuldades de saúde mental acesso imediato à assistência. Veteranos de guerra correspondem a 8% dos suicídios adultos, e precisamos apoiar aqueles que serviram ao país.

A dra. Kelly Posner, que ajudou a desenvolver a Escala de Avaliação de Severidade Suicida de Columbia (c-ssrs), assinalou que a morte de policiais se dá mais por suicídio do que em serviço; mais soldados se suicidam do que morrem em combate; mais bombeiros se suicidam do que morrem em incêndios. "E é uma morte evitável", disse ela. A c-ssrs é usada nas Forças Armadas e em outros lugares para identificar pessoas com tendências suicidas e fornecer ajuda; o suicídio entre os fuzileiros navais caiu 20% desde que a ferramenta passou a ser utilizada. Posner propõe que essa escala de avaliação, ou algo parecido, seja usada nas consultas a um clínico geral. "Cinquenta por cento dos suicidas estiveram com seu clínico geral antes de se matar", disse Posner. "Se não perguntarmos e monitorarmos, perdemos uma oportunidade de prevenção. Existe um mito perigoso de que, se você pergunta às pessoas sobre sentimentos suicidas, elas se tornam suicidas; na verdade, elas ficam aliviadas. Triagens contundentes podem ser transformadoras." De um lado, notícias macabras na mídia intensificam o contágio suicida; de outro, o silêncio é mortal. O dr. Jeffrey Borenstein, ceo da Brain & Behavior Research Foundation, disse: "Se você está preocupado com uma pessoa querida, deve manifestar sua preocupação. Alguns têm a ideia errônea de que perguntar a alguém sobre suicídio vai aumentar o risco, mas na realidade perguntar não só não aumenta o risco de suicídio como pode salvar uma vida".

No entanto isso não responde inteiramente à questão. Num persuasivo capítulo da Head Talks, série de vídeos on-line sobre saúde mental, intitulado "When Not Killing Yourself Becomes the Goal" [Quando não cometer suicídio se torna o objetivo], a psicoterapeuta Maggie Robbins, ela própria portadora de transtorno bipolar, diz: "Houve um momento em que percebi que, se eu morresse de velhice, seria uma vitória, pois tantas pessoas com transtorno bipolar se matam que simplesmente eu não me matar já seria um grande objetivo. E pensei comigo: 'Isso é um desafio pequeno'. Depois eu disse: 'Não, não é tão pequeno assim, porque pode ser muito difícil' ". É difícil, para pessoas que nunca tiveram tendência suicida, entender como a ideia pode ser sedutora. Embora o ato suicida talvez tenha sido impulsivo, o mais provável é que tanto Kate Spade como Anthony Bourdain tenham lutado com seus demônios durante anos.

Há outro fator que não deve ser subestimado. No cenário nacional, temos visto uma aceitação do preconceito e da intolerância, e isso afeta o estado de espírito de todos os cidadãos. Meu psicanalista disse que nunca nenhum de seus pacientes discutiu política nacional tão reiteradamente, sessão após sessão, como agora. Existe uma contínua tensão de ansiedade e medo de um lado, e brutalidade de outro. O ódio é deprimente — ser odiado, claro, é deprimente, mas odiar também é. O desgaste da rede de segurança social significa que mais e mais pessoas atingiram um ponto de súbita ruptura, e poucas mensagens de autêntico conforto lhes podem ser oferecidas nestes tempos impiedosos. Vive--se a exaustão pela doença, pelo isolamento, pelo desespero e pela crise existencial. No momento, a vulnerabilidade das pessoas é exacerbada pela dureza que se manifesta nas manchetes de todos os dias. Sentimos tanto a nossa angústia como a angústia do mundo. Há uma escassez de empatia, até mesmo de bondade, no debate nacional, e esse déficit transforma a neurose comum em um desespero capaz de levar à ação.

Suicídio, um crime da solidão*

A cada quarenta segundos, alguém comete suicídio. Nos Estados Unidos, é a décima causa de morte mais comum entre pessoas com mais de dez anos de idade, muito mais comum do que a morte por homicídio, aneurisma ou aids. Quase meio milhão de americanos são levados para o hospital todos os anos por tentativa de suicídio. Uma em cada cinco pessoas que sofrem de depressão severa fará essa tentativa; são cerca de sessenta tentativas não letais para cada tentativa letal. A taxa de suicídios está subindo, sobretudo entre homens de meia-idade. Essas estatísticas são sempre refeitas, mas seguem iguais, não importa a infindável repetição. O suicídio pode ser uma solução permanente para um problema temporário, mas é uma solução que acena com um crescente poder de sedução.

Nós idolatrávamos Robin Williams pelo brilho maníaco de suas atuações; em seus melhores momentos, ele era não apenas hilariante, mas também encantadoramente frenético. Poucas pes-

---

* Publicado pela primeira vez em: *New Yorker*, 14 ago. 2014.

soas dotadas dessa energia animal não pendem para outra direção de vez em quando. Com frequência, parece que os indivíduos mais animados experimentam desespero na mesma proporção que sua alegria; eles parecem oscilar loucamente em torno da média neutra. Nem sempre: alguns são como Bill Clinton, que parece sustentar um nível de hiperatividade que nunca se converte em retraimento ou disfunção. Mas não há muitos assim.

Robin Williams não fazia segredo de seus estados de ânimo atribulados. Num perfil do ator publicado no *Guardian* em 2010, Decca Aitkenhead escreveu:

> Sua postura é intensamente zen e quase pesarosa e, quando não está simulando vozes, fala num tom baixo e trêmulo de barítono — como se estivesse à beira das lágrimas — que cairia bem se estivesse fazendo um elogio fúnebre. Parece gentil e bondoso — até mesmo terno —, mas a impressão que predomina é de tristeza.

Ela perguntou se Williams estava mais feliz, e ele respondeu: "Acho que sim. E sem medo de ser infeliz. Isso também é legal. Assim você pode viver como se tudo estivesse bem. E isso é o que importa, esse é o dom". Aitkenhead achou a resposta sentimental, mas, num retrospecto lúgubre, isso mostra alguém que lutava contra o medo da própria tristeza, alguém com medo, talvez, por entender o potencial que a infelicidade tinha de engolir tudo que dizia respeito a ele.

A mídia de massa, quando noticia casos de suicídio, quase sempre oferece um "motivo", o qual parece atribuir lógica à falta de lógica do autoextermínio. Essa racionalização é particularmente comum quando se trata do suicídio de celebridades, porque a ideia de que alguém possa se sentir infeliz apesar de um grande sucesso mundial parece um despropósito. Por que uma pessoa que tem tanto daquilo que todos nós gostaríamos de ter decide acabar com a própria vida? Como há sempre coisas indo mal na vida de qualquer um a todo momento, a indústria das explicações geralmente nos diz que a pessoa em questão tinha um casamento horrível, ou era uma viciada incurável, ou acabara de sofrer um fracasso profissional, ou estava sob influência de um culto qualquer. Mas Robin Williams não parecia ter nenhum desses problemas. Sim, ele lutou contra a dependência, mas se achava praticamente sóbrio havia um bom tempo. Estava em seu terceiro casamento, que dava a impressão de ser uma união feliz, e parecia bem próximo dos filhos. Sua mais recente série de TV tinha sido cancelada poucos meses antes, mas sua reputação como um dos grandes atores da nossa época permanecia intacta. Tinha, portanto, poucos "motivos" para cometer suicídio — como, na verdade, a maioria das pessoas que se matam tem poucos "motivos" além da depressão (unipolar ou bipolar), que está na base de grande parte dos suicídios.

O suicídio também não é a máxima manifestação de "egoísmo" ou de "covardia", como os fornecedores de motivos costumam afirmar. Suicídio não é um comportamento acidental; com tudo que possa conter de impulsividade, é também um passo profundo e sério para o qual muitas pessoas não têm a necessária força de vontade. Num certo nível, o suicídio de pessoas jovens é obviamente mais trágico do que o suicídio de pessoas mais velhas; os jovens têm mais vida pela frente, mais chance de encontrar soluções. Noutro nível, o suicídio na meia-idade — a derrota de alguém que resistiu ao impulso durante décadas — é especialmente catastrófico. Implica o reconhecimento derrotista de que se as coisas não melhoraram até agora é porque não vão melhorar nunca. O suicídio de Robin Williams não foi o gesto autocomplacente de alguém sem firmeza suficiente para combater os próprios demônios; foi, na verdade, o gesto de desespero de alguém que sabia, correta ou erradamente, que jamais venceria uma luta como aquela.

A depressão é um fator de risco de doenças cardíacas; a cirurgia cardíaca é um fator de risco da depressão. Um quebra-cabeça infeliz, e é difícil saber que papel a cirurgia cardíaca de Williams desempenhou em sua crescente angústia. O álcool é um depressor; debilita alguns sentimentos negativos, razão por que as pessoas usam e abusam dele, mas também pode fazer o desespero atingir o fundo do poço. Não se sabe ainda se Williams tinha bebido imediatamente antes do suicídio, mas não havia muito tempo ele passara um período em Hazelden, Minnesota, onde fora "afinar" sua abstinência. Portanto, se quisermos entrar nesse jogo de buscar "motivos", são esses os poucos de que dispomos.

As qualidades que impelem uma pessoa ao brilhantismo são as mesmas que podem levá-la ao suicídio. Pessoas muito bem-sucedidas tendem a ser perfeccionistas, o tempo todo se esforçando para alcançar marcas impossíveis. E celebridades tendem a ser famintas de amor, da adoração das plateias. Nenhum perfeccionista jamais atingiu suas marcas de referência e nenhum faminto de admiração jamais recebeu admiração suficiente. O irrestrito dinamismo que Williams injetava em praticamente todos os papéis que desempenhou tem a urgência de uma procura, como se estivesse sempre em busca de uma verdade ainda sem nome. Nas aparições públicas, ele jamais mostrou o calejado narcisismo de muitos atores; seu trabalho se alimentava da interação entre uma extroversão desenfreada e um matizado estudo de si mesmo. Ele interpretou tão bem um alienígena porque ele mesmo era um alienígena em sua própria mente, sempre fazendo testes para representar um de nós. Suicídio é um crime da solidão, e pessoas muito aduladas podem ser assustadoramente solitárias. A inteligência não ajuda nessas situações; o brilhantismo é quase sempre profundamente isolador.

Todo suicídio pede luto, mas a morte de uma figura como Robin Williams provoca mais repercussão do que a maioria das mortes. O desaparecimento de sua alegria contagiante torna este planeta um lugar mais pobre. E como o suicídio é contagioso, outros talvez já tenham feito tentativas pelo impulso de imitação, argumentando que, se nem mesmo Robin Williams conseguiu dar um jeito, não são eles que vão conseguir. Ondas de acontecimentos como esses costumam seguir suicídios de gente renomada; logo depois que Marilyn Monroe tirou a própria vida, por exemplo, o número de suicídios nos Estados Unidos subiu 12%.

O suicídio de Williams demonstra que nenhum de nós está imune. Se é possível ser Robin Williams e ainda assim querer se matar, então todos nós estamos expostos à mesma assustadora vulnerabilidade. A maioria das pessoas imagina que resolver determinados problemas as fará mais felizes. Ah, se eu tivesse um pouco mais de dinheiro, ou de amor, ou de sucesso... eu lidaria melhor com a vida. Pode ser devastador perceber como é falso esse otimismo condicionado. Uma grande esperança é esmagada toda vez que alguém nos lembra que a felicidade não pode ser nem presumida nem adquirida; que somos todos prisioneiros do nosso próprio cérebro defeituoso; que a solidão fundamental em cada um de nós é, em última análise, inviolável.

Ontologia de um suicídio[*]

Há duas opiniões imprecisas sobre Virginia Woolf. A primeira é que suas depressões eram episódicas e que, quando bem-disposta, estava livre da melancolia; a outra é que passou a vida numa escuridão interior, apenas com intervalos parciais e raros da severa depressão que sofria. A realidade de seu charme pode nos impedir de ver sua persistente agonia, e a realidade de seu suicídio pode nos fazer cegos a seu duradouro êxtase. Tanto a obra como a vida de Woolf demonstram um extraordinário entrelaçamento dessas qualidades; para ela, toda experiência está permanentemente impregnada de uma implacável vitalidade e de uma contundente tragédia. Embora o que os clínicos talvez pudessem chamar de depressão tenha sido intermitente em sua vida, a percepção de uma tristeza em tudo sussurra mesmo através das mais brilhantes evocações de sua obra. A tristeza não tem necessariamente que obscu-

---

[*] Publicado pela primeira vez em: Sarah Funke, William Beekman (Orgs.), *This Perpetual Fight: Love and Loss in Virginia Woolf's Intimate Circle*. Nova York: The Grolier Club, 2008.

recer a beleza; na verdade, com frequência a realça. Também não infringe o êxtase inefável inerente à lucidez, êxtase tão forte na consciência da tristeza como na consciência da alegria.

Esse potente dualismo é evocado com particular intensidade no subestimado primeiro romance de Woolf, *O quarto de Jacob*. Ela o observa na própria paisagem:

Não há dúvida de que se fosse a Itália, a Grécia ou mesmo as praias da Espanha, a tristeza seria vencida pela estranheza, pela excitação e pelo estímulo de uma educação clássica. Mas as colinas da Cornualha têm rígidas chaminés sobre elas, e, de uma forma ou de outra, a graciosidade é terrivelmente triste. Sim, as chaminés e os postos da guarda costeira e as pequenas baías, com ondas quebrando sem que ninguém veja, nos fazem lembrar da tristeza avassaladora. E que tristeza será essa? É produzida pela própria terra. Vem das casas na costa. Começamos transparentes, depois a nuvem se espessa. Toda a história fica de fundo em nossa vidraça. Escapar é inútil.

A onipresença dessa tristeza é, da mesma forma, sugerida em toda cena de gênero, onde parece quase ridícula.

Apesar disso, ela tinha a aparência arrebatada de alguém atravessando multidões numa tarde de verão, e o tumulto do presente parece uma elegia à juventude passada e a verões passados, e então aflora em sua mente uma curiosa tristeza, como se o tempo e a eternidade se mostrassem através de saias e coletes e ela visse as pessoas passarem tragicamente rumo à destruição. Apesar disso, Deus sabe que Julia não era boba; nunca existiu mulher mais esperta para negociar, e era sempre pontual.

Por fim, e explicitamente, a tristeza aflora no coração até mesmo do homem mais ocupado e bem ajustado, Jacob neste caso simplesmente olhando pela janela para estranhos que passam lá embaixo na rua: "A falta de interesse deles por ele não era a causa de sua melancolia, mas uma convicção mais profunda — não é que ele fosse solitário, mas que todo mundo é". Essa desolação, inerente à condição humana, parece estranha quando atinge a consciência, irrelevante para as experiências concretas que ela constantemente cobre de sombras, incompatível com a realidade prática da nossa capacidade de funcionar. É loucura nossa pensar em barganhas quando o mundo está repleto dessa coisa tão profunda — ou talvez seja nossa redenção exatamente o que nos permite continuar dentro da textura de nossa vida.

Cinco anos depois de *O quarto de Jacob*, Woolf publicou *Ao farol*, e nele descreve repetidamente a impossibilidade de reconciliar esses extremos de sentimento. Reconhece não só a tristeza, mas também que essa tristeza pode estar sempre à vista da felicidade.

Sempre, sentia a sra. Ramsay, podemos dar um jeito de sair relutantemente da solidão agarrando-nos a isto e aquilo, um som, uma paisagem. Ficou escutando, mas tudo estava muito quieto; o críquete tinha acabado; as crianças estavam no banho; restava apenas o barulho do mar. Parou de tricotar; segurou por um momento a comprida meia marrom-avermelhada que lhe pendia das mãos. Viu de novo a luz. Com um pouco de ironia no jeito de interrogar, pois quando estamos acordados nossas relações mudam, olhou para a luz firme, a impiedosa, a sem remorso, que era tanto ela, mas mesmo assim tão pouco ela, que a tinha sempre à sua disposição (acordava de noite e a via inclinada sobre a cama, tocando o assoalho), mas a despeito do que pensava ao observá-la com fascínio, hipnotizada, como se a luz tocasse com os dedos de prata algum vaso selado em seu cérebro cuja explosão a inundasse de delícia, ela conhecera a felicidade, uma felicidade delicada, uma felicidade intensa, e a luz prateava as ondas revoltas um pouco mais brilhantemente, quando a claridade do dia ia morrendo, e o azul desaparecia do mar, e ela rolava em ondas de pura cor limão que se curvavam e inchavam e rebentavam na praia e o êxtase lhe explodia nos olhos, e ondas de pura delícia percorriam o assoalho de sua mente, e ela sentia, Chega! Chega!

É no momento de tristeza que esse otimismo de repente desponta, tão dramático e antagônico como quando a tristeza de Jacob se manifesta no âmago do contentamento. No fim, os Ramsay deixarão as Hébridas: a sra. Ramsay morrerá; e como todo momento triste teve seu matiz de glória, assim também cada momento alegre estará comprometido com o desalento.

Também o mar se agita e arrebenta, e caso algum dorminhoco, imaginando que pode encontrar na praia uma resposta para suas dúvidas, um companheiro para a solidão, se desfaça dos lençóis da cama e saia para caminhar na areia, nenhuma imagem com aparência de presteza útil e divina se revelará para pôr a noite em ordem e fazer o mundo refletir a bússola da alma.

Essa ânsia de resolução, que impulsiona o esforço humano, é um caminho de insolúvel frustração. Buscamos, com extraordinário desejo, uma visão que alivie a nossa solidão. Eis aqui Lily Briscoe:

E, o que era ainda mais estimulante, ela sentia, vendo o sr. Ramsay pressionando e recuando, e a sra. Ramsay sentada com James na janela e a nuvem se deslocando, e a árvore se curvando, que a vida, feita de pequenos incidentes separados vividos um a um, se tornava enrolada e inteira como uma onda que nos levanta com ela, ali, com um movimento súbito na praia.

Essa resolução é sempre aproximada e esquiva e, embora pareça uma verdade duradoura, é transitória.

> Parecia agora que, tocada pela penitência humana e por toda a sua fadiga, a bondade divina abria a cortina e mostrava, atrás dela, únicos, distintos, a lebre de pé; a onda quebrando; o barco balançando, coisas que, se fôssemos dignos delas, deveriam ser sempre nossas. Mas, ai de nós, a bondade divina, puxando a corda, fecha a cortina; aquilo não lhe agrada; ela cobre os seus tesouros numa chuvarada de granizo, e de tal maneira os quebra, de tal maneira os confunde que parece impossível que sua calma um dia retorne, ou que possamos um dia compor com seus cacos um todo perfeito, ou ler nos pedaços espalhados a clara palavra da verdade.

Em sua obra, Woolf narra a vida com um vocabulário de anseio, sempre olhando fixamente para a verdade, mas incapaz de tocá-la.

Em *Orlando*, publicado no ano seguinte, Woolf está em sua forma mais exuberante, e o amor lhe concede uma visão do que há por trás daquela cortina entreaberta.

> Não se pode negar que os mais bem-sucedidos praticantes da arte de viver, diga-se de passagem quase sempre pessoas desconhecidas, de algum modo conseguem sincronizar os sessenta ou setenta tempos diferentes que operam simultaneamente em qualquer sistema humano normal, de forma que, quando soam as onze horas, todo o restante repica em uníssono, e o presente não é uma perturbação violenta nem algo completamente esquecido no passado. Deles se pode dizer com justiça que viveram precisamente os sessenta e oito ou setenta e dois anos registrados na lápide. Dos demais, alguns sabemos estarem mortos embora circulem em nosso meio; alguns não nasceram ainda, embora assumam todas as for-

mas de vida; outros têm centenas de anos embora admitam ter apenas trinta e seis.

Essa tentativa de estar dentro e fora do momento, de viver no presente e no passado com um aceno para o futuro, é a grande cruzada, mas frustra quase todos. Orlando é finalmente capaz dessa pureza, mas o problema é que se trata apenas de um conto de fadas. Woolf descreve um instante de verdadeira paz:

> Todo o seu ser se tornou mais sombrio e se estabilizou, como quando se cobre uma superfície com uma lâmina para torná-la mais lisa e mais sólida; o que é raso se torna profundo, o que está perto, distante; e tudo fica represado como a água é contida pelas paredes de um poço. Assim, agora mais circunspecta e mais tranquila, ela se tornou, com a adição daquele Orlando, o que é chamado, certo ou errado, de um eu único, o verdadeiro eu. E ficou em silêncio. Pois é provável que, quando as pessoas falam em voz alta, os eus (cujo número pode ser superior a dois mil) se conscientizem de sua individualidade e tentem se comunicar, mas se calam quando a comunicação volta a ser estabelecida.

Woolf não deixaria de perceber a ironia de que, na obra de uma escritora cuja textura da existência são as palavras, o silêncio seja representado como a máxima conquista, e que o silêncio seja, ele mesmo, evocado e narrado com palavras. O estado que se almeja fica evidenciado em seu oposto.

Orlando pode ter alcançado o espírito do silêncio, mas para Woolf há sempre mais a ser dito, justamente porque essa harmonia continua obscura. Perto do fim da vida, ela escreveu em *Os anos*: "Tome nota das coisas e a dor desaparece". É como se Woolf visse sua obra inteira como uma libertação do cativeiro da própria tristeza, como se a linguagem que flui quando não há verdadeira comunicação entre os 2 mil eus fosse ao mesmo tempo sintoma de desespero e bálsamo para o desespero. Em seu bilhete de suicídio para Leonard, ela disse: "Estou destruindo tua vida. É esta loucura. Nada que ninguém diga é capaz de me convencer. Podes trabalhar, e estarás bem melhor sem mim. Como vês, nem isto eu consigo escrever, o que prova que estou certa". O fracasso da linguagem para ela estava na incapacidade de fazer a dor sumir, na incapacidade de encontrar na própria falta de palavras um silêncio nobre como o de Orlando. Há sempre um grande interesse pelos documentos deixados por quem comete suicídio. Embora esses documentos costumem ser descritivos, no caso de Woolf eles (os livros, o bilhete de suicídio, tudo junto) são emblemáticos. Mais do que usar a linguagem para redigir um manifesto sobre a decisão de acabar com a vida, ela mostra através da linguagem por que o sacrifício de si mesma se tornou inevitável. Como Lear, Woolf tem nas palavras o mecanismo de sua morte. "Essas mudanças de estado de espírito nos desgastam muito", escreveu ela em *O quarto de Jacob*.

Em *Entre os atos*, seu último livro, publicado postumamente, ela escreveu: "Pensamentos sem palavras, refletiu ela. Poder ser?". É como se sua própria estratégia de tomar notas estivesse sendo dramaticamente posta em dúvida. Os contrastes permanentes, irreconciliáveis, sobre os quais tinha escrito com frequência foram se tornando intoleráveis: "Amor e ódio — como eles a dilaceravam! Certamente era hora de alguém inventar um novo enredo, ou de o autor fazer uma surpresa". Isso poderia facilmente significar que a alegria e o desespero a estavam dilacerando, que a dualidade se tornara intoleravelmente opressiva. A realidade é alheia à inteligência humana que anseie por pureza, por reconciliação, por uma única e poderosa verdade: a lebre de pé; a onda quebrando; o barco balançando. Woolf descreve a autora da peça:

Ela desejava expô-los, por assim dizer, dar-lhes um banho de realidade. Mas alguma coisa dá errado com a experiência. "Realidade forte demais", murmura ela. E então começa a chover, de repente, com força. Ninguém tinha visto a nuvem chegar. Lá está ela, negra, pesada, em cima deles. E desabou como se fosse todas as pessoas do mundo chorando. Lágrimas. Lágrimas. Lágrimas. Escorriam-lhe pelas bochechas como se fossem suas próprias lágrimas. Mas eram as lágrimas de todo mundo chorando por todo mundo. A janela era toda céu sem cor. A casa deixara de ser abrigo. Era noite antes de estradas serem construídas, ou casas. Era a noite que os homens das cavernas contemplaram de um lugar alto entre as pedras. Então a cortina subiu. Eles falaram.

Como se uma cortina tivesse subido e o artifício retornado, como se a realidade tivesse sido desviada por um momento, Woolf tentou salvar-se pela arte, e seus escritos cantam na esperança de aliviar a dor. Quanto mais fugia da dor, mais bela se tornava a prosa comemorativa, até ela escrever aquele bilhete de suicídio que não é digno de sua própria justificativa. A escolha da água como meio de morrer chama a atenção quando se leva em conta o significado da água em toda a sua obra, e aquela forte equação de chuva e lágrimas. *Entre os atos* não é mais triste do que seus outros livros. Se o suicídio é a opção escolhida pelos que acreditam que a dor da vida tem mais peso do que o prazer, então o suicídio de Woolf nasceu de uma aguda alternância entre os estados. Ela sofria, afinal, de um mal clínico que era intolerável e avisante, mas a compreensão tirada dessa enfermidade impregna sua obra e está implicada diretamente no esplendor que ela era capaz de alcançar quando a cortina subia. Talvez a evidência mais clara dessa mistura de prazer e sofrimento Leonardo Woolf tenha deixado escapar numa carta a Vita Sackville-West: "Não sei se isto é estranho, mas não consigo deixar de pensar que Virginia se divertiria muito com as coisas extraordinárias que as pessoas me escrevem sobre ela". Essa ideia de uma Virginia Woolf rindo até mesmo do efeito causado pelo próprio suicídio faz pensar numa pessoa para quem a persistência de binários opostos era, em si, fonte de deleite e desalento.

Anatomia de um homicídio-suicídio[*]

Suicídio não é tão notícia quanto homicídio. A insatisfação de uma pessoa com a própria vida é menos ameaçadora do que o ímpeto de destruir outras. Por isso faz todo sentido que, depois do massacre de Newtown, Connecticut, a imprensa tenha se concentrado nas vítimas — na morte desoladora e estúpida de crianças e na dor terrível que os pais e todos nós temos que suportar. Apropriadamente, pranteamos muito mais o extermínio dos outros por Adam Lanza do que o seu próprio extermínio.

Mas para entender um homicídio-suicídio, precisamos começar pelo suicídio, porque essa é a causa de tais atos. Adam Lanza cometeu um ato de ódio, mas parece que a pessoa que ele mais odiava era a si próprio. Se quisermos conter a violência, precisamos começar por conter o desespero.

Muitos adolescentes odeiam a si mesmos; alguns expressam sua insegurança através de um comportamento destrutivo para com os demais. São desnecessariamente sarcásticos com os pais;

[*] Publicado pela primeira vez em: *New York Times*, 22 dez. 2002.

bebem e dirigem, indiferentes ao perigo que podem representar para os outros; tratam colegas com desdém gratuito. Quanto mais profundamente se odeiam, mais provável é que o ódio se manifeste como uma agressão voltada para fora. Os atos de Adam Lanza refletem uma versão absurdamente amplificada da raiva normal dos adolescentes.

Em sua obra clássica sobre o suicídio, o psiquiatra Karl Menninger disse que o suicídio requer o desejo de matar, o desejo de ser morto e o desejo de morrer. Adam Lanza sem dúvida tinha os três impulsos, e, embora o crime mais grave seja que o seu desejo de matar era muito mais amplo do que o da maioria dos suicidas, sua primeira tragédia foi contra si mesmo.

Imputar responsabilidade é um grande consolo, porque uma situação pela qual alguém ou alguma coisa possa ser responsabilizado é uma situação que poderia ter sido evitada — por isso poderá ser evitada da próxima vez. Depois do tiroteio em Newtown, ouvimos acusações se acumularem contra os pais de Adam Lanza e seu divórcio; contra a síndrome de Asperger de que Adam seria portador e uma possível esquizofrenia não diagnosticada; contra o sistema escolar; contra as políticas de controle do uso de armas; contra a violência nos video games, nos filmes e no rock; contra o efeito imitação desencadeado por tiroteios anteriores em escolas; contra um possível distúrbio cerebral que uma melhor imagiologia médica um dia nos permitirá mapear.

Defensores dos doentes mentais afirmam que os que se submetem a tratamento de vários distúrbios mentais não são mais violentos do que a população em geral; enquanto isso um público indignado insiste que nenhuma pessoa sã seria capaz de ações como aquelas. É um argumento essencialmente semântico. Um estudo de Harvard entregou a médicos casos editados de suicidas, pedindo-lhes diagnósticos; constatou-se que, quando não souberam que os pacientes tinham cometido suicídio, os médicos só diagnosticaram doença mental em 22% do grupo, enquanto o índice subiu para 90% quando o suicídio era incluído no perfil do paciente.

A persistente implicação disso é que, como nos casos do Onze de Setembro ou do ataque em Benghazi, na Líbia, se profissionais treinados fossem mais competentes, a tranquilidade teria sido garantida. Mas a análise retrospectiva tem valor limitado, e a suposição de que podemos expurgar nossa vida desses horrores é uma ficção otimista.

Quando fazia pesquisas para meu livro *Longe da árvore*, entrevistei os pais de Dylan Klebold, um dos perpetradores do massacre de Columbine em Littleton, Colorado, em 1999. Ao longo de oito anos, passei centenas de horas com os Klebold. No início estava convencido de que, se estudasse a fundo o caráter deles, entenderia por que Columbine aconteceu — que eu descobriria na família os desarranjos que haviam redundado na catástrofe. Em vez disso, passei a ver os Klebold não somente como inocentes, mas também como pessoas admiráveis, éticas, inteligentes e bondosas que eu mesmo gostaria de ter como pais. Conhecer Tom e Sue Klebold não ajudou em nada a compreender o que tinha acontecido. Tornou Columbine mais desconcertante, obrigando-me a admitir como é impossível conhecer as pessoas.

Quando me perguntam por que os Klebold não vasculharam o quarto de Dylan em busca de seus escritos, não o seguiram até onde escondia suas armas, eu digo que esse comportamento invasivo às vezes provoca tragédias em vez de impedi-las, e que todos os pais devem navegar entre o que a psicanalista britânica Rozsika Parker chamou de "a Cila da intromissão e a Caríbdis da negligência". Se velejamos direito, só saberemos depois do fato. Poderíamos desejar que os Klebold e Nancy Lanza se intrometessem, mas seria fácil encontrar outras famílias em que essa intromissão foi profundamente destruidora.

Os autores desses massacres horríveis se enquadram no que se poderia chamar de espectro Loughner-Klebold. Todo mundo parecia saber que havia alguma coisa muito errada com Jared Loughner, que feriu a representante Gabrielle Giffords e matou outras seis pessoas num encontro de confraternização em Tucson em 2011.

Num e-mail meses antes do tiroteio, um estudante e colega dele disse o seguinte: "Temos uma pessoa mentalmente instável na sala que me dá o maior cagaço. É um desses caras cuja foto a gente vê no noticiário depois dele ter ido para a sala de aula com uma arma automática". O problema era óbvio, e ninguém fez nada a respeito.

Ninguém viu nada de errado em Dylan Klebold. Após ter sido preso por furto, o sr. Klebold foi inscrito num programa alternativo de reabilitação que aplicava testes psicológicos padronizados — testes esses que, segundo sua mãe, não encontraram nenhum indício de que ele fosse suicida, homicida ou deprimido. Algumas pessoas obviamente problemáticas não recebem nenhum tratamento e outras mantêm total sigilo sobre sua vida íntima; a maioria dos homicídios-suicídios é cometida por pessoas que se situam em algum ponto no meio desse espectro, como parece ter sido o caso de Adam Lanza.

O que devemos fazer então? Estive em Newtown na semana passada, como um dos muitíssimos comentaristas convidados pela mídia. Andando de carro pela cidade, senti como se o ar estivesse impregnado de gelatina; mal se conseguia atravessar tanta dor. Conversando nos trailers da CNN e da NBC com outros convidados, enquanto comíamos donuts, compartilhávamos tristezas e aguardávamos nossos cinco minutos diante das câmeras, uma inquietante dicotomia me chocou. Pessoas que estão lidando com perdas dessa dimensão exigem a dignidade de saber que o mundo todo está se importando. A atenção pública serve, como o vestido de luto vitoriano, para admitir que nada é normal, e quem não está enlouquecido de dor deve se curvar diante de quem está. Quando parei num restaurante para jantar na rua principal de Newtown, não senti hostilidade dos moradores contra nós, mas percebi que um abismo tangível nos separava. Precisávamos saber quem era Adam Lanza, mas não conseguimos; também gostaríamos de saber quem eram suas vítimas, mas tampouco foi possível.

Num post metafórico publicado num blog e intitulado "Sou a mãe de Adam Lanza", uma mulher de Boise, Idaho, que claramente ama o filho, mas tem medo dele, manifesta o receio de que ele venha a se tornar um assassino. Muitas famílias americanas se recusam a aceitar a realidade sobre seus filhos; outras veem problemas que não sabem resolver. Há quem sustente que ampliar os serviços de saúde mental para crianças sobrecarregaria ainda mais um orçamento governamental já inchado. Mas custaria bem menos, em dólares e em angústia, do que um sistema no qual ocorrem tragédias como as de Newtown.

Robbie Parker, pai de uma das vítimas, falou 24 horas depois do tiroteio e disse à família de Adam Lanza: "Eu nem imagino quanto esta experiência deve estar sendo difícil para vocês, e queremos que saibam que nossa família, nosso amor e nosso apoio se estendem a vocês também". Seu espírito construtor de comunhão em vez de ódio recíproco é a demonstração humilde de um coração iluminado. E também serve a um objetivo prático.

Minhas experiências em Littleton sugerem que os que achavam que a tragédia atingia a todos, inclusive as famílias dos assassinos, davam uma chance à cura, enquanto os que combatiam a dor com a raiva tendiam a continuar anos obcecados com o que tinha acontecido. A raiva é uma reação natural, mas querer vingar-se atribuindo a culpa aos outros, inclusive às famílias dos assassinos, acaba sendo contraproducente. Aqueles que fazem da compreensão um pré-requisito para a aceitação estão condenados a um tormento sem fim.

Nada que pudéssemos ter aprendido com Columbine nos permitiria evitar Newtown. Precisamos entender que o cérebro humano é capaz de produzir horrores e que saber tudo sobre o criminoso, sua família, sua experiência social e o mundo que habita não dá à pergunta "Por quê?" uma resposta capaz de resolver o problema. Na melhor hipótese, esses acontecimentos ajudam a produzir boas políticas.

Os Estados Unidos são o único país do mundo em que o principal método de suicídio é a arma de fogo. Em 2010, 19 392 americanos se mataram com uma arma de fogo. É o dobro do número de pessoas assassinadas com arma de fogo naquele ano. Historicamente, os estados com fraco controle de armas apresentam índices de suicídio consideravelmente mais altos do que aqueles com leis mais severas. Quem precisa procurar por uma arma em geral acaba tendo tempo para refletir melhor antes de usá-la, ao passo que alguém que pode agarrar uma arma num momento de raiva não dispõe desse tempo.

Precisamos oferecer às crianças instrumentos melhores de avaliação da saúde mental e entender que serviços de saúde mental funcionam de modo mais adequado não como na aplicação de vacinas, em que uma única e decisiva intervenção elimina o problema para sempre, mas como num tratamento dentário, em que se exige cuidado constante para evitar a cárie. Só entendendo por que Adam Lanza desejou morrer entenderemos por que ele matou. Melhor faríamos se estendêssemos o olhar para além do mal que há nesses outros que tanto nos horrorizam e nos concentrássemos na desolação que o provocou.

A epidemia oculta*

Quando tive minha primeira crise de depressão, há quase sete anos, não a associei de forma alguma ao fato de ser gay. Associei-a a muitas outras coisas — ao suicídio assistido de minha mãe (do qual participei) no fim de uma batalha terrível contra o câncer; ao trauma de voltar a morar em minha cidade natal, Nova York, depois de ter vivido os cinco anos anteriores em Londres; à aguda tensão de publicar meu primeiro romance e viajar para divulgá-lo. Além disso, associei o colapso sobretudo ao fato de eu ter acabado de sair de uma relação de muitos anos e estar solteiro, mas ser gay e solteiro não me parecia particularmente significativo.

Quando comecei a pesquisar sobre depressão gay para esta revista, o que descobri me deixou horrorizado e me obrigou a um acerto de contas comigo mesmo e com elementos de insegurança que estavam sepultados e que nunca admiti ou imaginei, apesar de ter passado cinco anos estudando e escrevendo sobre depres-

---

* Publicado pela primeira vez em: *Out Magazine*, jul. 2001.

são para um livro, *O demônio do meio-dia*, em parte um relato de minha própria luta contra a doença.

Gays sofrem de depressão em números imensamente desproporcionais. É a peste não reconhecida da nossa comunidade, e a única razão que me ocorre para explicar por que não se ouve mais a esse respeito é que temos vergonha. Mas a investigação empírica aí está. Num estudo recente de amostras aleatórias numa população de quase 4 mil homens de 17 a 39 anos, 3,4% dos heterossexuais tinham tentado o suicídio em algum momento, enquanto entre os que viviam com parceiros do mesmo sexo a taxa foi de 20%. Outro estudo mostrou que 7,3% dos homossexuais haviam tentado o suicídio quatro vezes ou mais, em comparação com 1% dos heterossexuais. Dezenas de outros estudos reproduzem essas graves estatísticas. Lésbicas e gays apresentam mais depressão, mais pânico, mais dependência química, mais tendência suicida e mais suicídio do que seus homólogos héteros.

Muitas explicações foram apresentadas, algumas mais plausíveis do que outras, porém a mais óbvia é a homofobia. Gays têm maior probabilidade de ser rejeitados pela família do que a população em geral; e maior probabilidade de terem tido dificuldades de adaptação social. Em razão desses problemas, é maior também a probabilidade de abandonarem os estudos. Apresentam uma taxa mais alta de doenças sexualmente transmissíveis. Têm menos probabilidade de formarem casais estáveis na vida adulta; e menos probabilidade de contarem com cuidadores dedicados no fim de sua vida. Têm maior probabilidade de serem infectados pelo vírus HIV e, mesmo aqueles que não foram, quando se tornam deprimidos, têm mais probabilidade de fazerem sexo sem proteção e contraírem o vírus, o que por sua vez agrava a depressão. Acima de tudo, o mais provável é que tenham vivido a vida de forma furtiva e, em consequência, sofrido intenso isolamento.

No começo do ano, viajei a Utrecht, na Holanda, para um

encontro com Theo Sandfort, que desenvolvera um trabalho pioneiro sobre depressão gay. Como era de esperar, Sandfort havia descoberto que a taxa de depressão é mais alta entre pessoas que não saíram do armário do que entre as que saíram, e mais alta entre solteiros do que entre os que mantêm relações estáveis e duradouras. No geral, Sandfort descobriu que o nível de dificuldade que os gays encontram em seu dia a dia é extremamente alto e de maneiras tão sutis que às vezes passam despercebidas até mesmo para as pessoas afetadas. Por exemplo, é menos provável que gays partilhem informações pessoais com colegas no trabalho, mesmo que já tenham saído do armário para essas pessoas. "E isto aqui é a Holanda", disse Sandfort, "onde somos mais abertos aos gays do que praticamente em quase qualquer outro lugar do mundo. Há muita aceitação da homossexualidade, mas o mundo ainda é hétero, e a pressão de ser gay num mundo hétero é considerável."

Sandfort sabe do que está falando. Ele enfrentou tempos bastante difíceis quando saiu do armário, sofrendo críticas do pai e da mãe. Quando tinha vinte anos, ficou deprimido e debilitado. Passou sete meses num hospital psiquiátrico, o que mudou a atitude dos pais, lhe permitiu ter com eles outro nível de intimidade e deu início a um novo tipo de saúde mental de que até hoje desfruta. Por ter "caído e dado a volta por cima", disse ele, "sei como sou e, consequentemente, também sei um pouco como são os outros gays."

Embora pesquisadores como Sandfort venham realizando grandes e bem estruturados estudos para compilar correlações e números, o sentido dessas estatísticas continua um tanto confuso. Em dois artigos notáveis, "A homofobia internalizada e a reação terapêutica negativa" e "Homofobia interna e autoestima associada a gênero na psicanálise de pacientes gays", Richard C. Friedman e Jennifer Downey escrevem em tom comovente sobre as origens e os mecanismos da homofobia internalizada. Um estudo recente sobre socialização entre gays indica que as crianças que serão homossexuais quando adultas geralmente são criadas em contextos heterossexistas e homofóbicos e, aos seis ou sete anos, começam a internalizar a visão negativa da homossexualidade manifestada pelos colegas ou pelos pais. "Nesta situação", escrevem Friedman e Downey, "a trajetória de desenvolvimento do paciente era uma em que o início da infância estava impregnado de ódio contra si mesmo, condensado em narrativas homofóbicas internalizadas, construídas no fim da infância." A homofobia internalizada costuma ter origem em abuso ou negligência na primeira infância. "Antes de se tornarem sexualmente ativos com os outros", escrevem Friedman e Downey, "muitos meninos que se tornarão gays são rotulados de 'afeminados' ou 'veadinhos'. Já foram provocados, ameaçados com violência física, excluídos e até agredidos por outros meninos." Na verdade, um estudo de 1998 revelou que uma orientação homossexual estava estatisticamente relacionada a ter pertences roubados na escola ou destruídos de propósito. Essas dolorosas experiências podem gerar um "ódio total e obstinado a si mesmo" que é quase intratável.

A experiência de reconhecimento que tive quando li esse material foi desconcertante. De repente lembrei como foi duro ser gay e de repente percebi como ainda era difícil. Eu era particularmente consciente de ter sido pouco masculino quando criança e de ter sido atormentado por isso. Era desajeitado e nada atlético; usava óculos; não me interessava por eventos esportivos; vivia com o nariz enfiado num livro; achava mais fácil fazer amizade com meninas. Tinha uma predileção por ópera incompatível com a minha idade. Era fascinado pelo glamour. Muitos colegas me evitavam. No acampamento de verão onde fiquei quando tinha dez anos, mexiam muito comigo, me azucrinavam e me chamavam de veado — palavra que me perturbava muito, porque eu ainda não tinha formulado para mim mesmo nenhum tipo de desejo sexual. Levei muita surra. No sétimo ano, o problema havia se ampliado. Na escola, o olhar atento de um corpo docente tolerante oferecia alguma proteção, e eu era apenas esquisito e impopular; livresco demais, descoordenado demais, artístico demais. No ônibus escolar, porém, reinava a brutalidade. Lembro de ir sentado rigidamente perto de uma menina cega com quem fiz amizade, enquanto o ônibus inteiro zoava de mim cantando, batendo os pés ao ritmo dos insultos. Eu era alvo não apenas de escárnio, mas também de um ódio intenso, que me confundia tanto quanto me magoava. Esse período horrível não durou muito; no nono ano, já tinha melhorado e, no último ano, eu já não era impopular (nem na escola nem no ônibus). Mas tinha aprendido bastante sobre aversão e bastante sobre medo, e nunca mais me livrei deles.

Mesmo os gays que se comportam de acordo com os estereótipos de seu gênero e atravessam a infância relativamente incólumes podem enfrentar problemas. A parte mais interessante da obra de Friedman e Downey examina pacientes que aparentam ser semelhantes em seu "comportamento manifesto àqueles que parecem ter superado as piores consequências do trauma", mas que na realidade estão severamente debilitados por uma persistente aversão a si mesmos. Essas pessoas costumam manifestar forte preconceito contra aqueles cuja homossexualidade lhes parece de alguma maneira espalhafatosa, por exemplo homens afetados ou afeminados, aos quais dedicam o desdém que sentem por sua própria falta de masculinidade. Talvez achem, de forma consciente ou não, que aqueles não sejam queridos em áreas distintas de sua vida erótica — no trabalho, por exemplo —, pois acreditam que os que sabem que eles são gays os consideram inferiores. "Uma visão negativa do eu como insuficientemente masculino funciona como fantasia organizadora inconsciente", escrevem Friedman e Downey. Pessoas oprimidas por essas atitudes podem atribuir todos os problemas que enfrentam na vida à sua sexualidade. Esses pacientes acabam acreditando que odeiam a si mesmos porque são gays.

Quando entendi o que era homossexualidade, eu soube que ela não seria bem acolhida na minha família. No quarto ano fui levado a um psiquiatra, e anos depois minha mãe admitiu que na época queria saber se eu era gay; pelo visto, ele disse que não. Tenho certeza de que o desinformado terapeuta teria recebido imediatamente a incumbência de corrigir o problema da minha sexualidade se tivesse feito uma avaliação mais precisa. Não contei à minha família sobre as zombarias no acampamento e na escola; mas um colega meu contou à sua mãe o que acontecia no ônibus escolar todos os dias, e ela contou à minha, que quis saber por que eu não tinha dito nada. Como poderia dizer? Quando comecei a sentir um lancinante desejo sexual, guardei segredo. E quando um garoto adoravelmente lindo tentou me seduzir durante uma viagem da turma, achei que ele só queria me irritar e que contaria meu desagradável segredo a todo mundo; para minha eterna tristeza, rechacei suas insinuações. Preferi perder a virgindade com um estranho cujo nome nunca descobri, num repugnante local público. Morri de raiva de mim mesmo. Nos anos seguintes, meu terrível segredo me consumiu e me bifurquei na pessoa perdida que fazia coisas revoltantes em banheiros públicos de subsolo e no aluno brilhante com um monte de amigos que se divertia muito na faculdade.

Quando tive meu primeiro relacionamento sério, aos 24 anos, eu já havia incorporado uma porção de experiências infelizes à minha percepção de identidade sexual. Esse relacionamento, quando o analiso agora, parece ter sido não apenas surpreendentemente afetuoso, mas também incrivelmente sincero. Marcou a minha saída daquela infelicidade acumulada e, nos dois anos em que vivi com esse namorado, senti que a luz tinha chegado à parte escura da minha vida.

Mais tarde, acreditei que minha sexualidade estava de alguma forma ligada ao sofrimento de minha mãe em sua doença final; ela odiava tanto o que eu era, que esse ódio era um veneno que escorria dela para mim e corrompia meus prazeres românticos. Não consigo separar a homofobia dela da minha homofobia, mas sei que ambas me custaram caro, ainda que ela, em muitos sentidos, fosse uma mãe maravilhosa, cujo amor era extremamente saudável e precioso para mim. Quando comecei a me sentir suicida durante minha primeira depressão séria, deliberadamente cortejei o HIV, o que, olhando para trás, não é de surpreender; era apenas um modo de transformar a tragédia interna dos meus desejos em uma realidade física.

Mas há esperança. "Acreditamos", escrevem Friedman e Downey, "que muitos homens e mulheres gays superam de fato as consequências de sua infância, e a integração na subcultura gay contribui para facilitar essa saída feliz." Escrevem também que um contexto social gay positivo prepara as pessoas para sentirem segurança, autoestima, uma identidade forte e amor.

Sempre achei que a linguagem do orgulho gay tem dominado o establishment gay porque é, de fato, o oposto do que um grande número de gays vivencia. A vergonha gay é endêmica. "A culpa e a vergonha de ser gay levam ao ódio de si mesmo e ao comportamento autodestrutivo", escrevem Friedman e Downey. Muitos gays alimentam, pelo menos por algum tempo, e no início, fantasias de conversão. Essas fantasias se tornam mais difíceis de realizar por causa de um movimento de orgulho gay que acha a vergonha gay vergonhosa. Se você é gay e se sente mal por isso, os "orgulhófilos" zombarão de seu constrangimento, os homofóbicos zombarão de você por ser gay e você acabará genuinamente desamparado, forçado a se sentir mal pelos atormentadores de gays e pelos valentões de pátio de escola. Nós de fato internalizamos nossos atormentadores. Com frequência reprimimos as lembranças de como a homofobia externa foi dolorosa para nós quando a experimentamos pela primeira vez. Pacientes gays com frequência descobrem, depois de uma prolongada terapia, crenças arraigadas como a de que "meu pai (ou minha mãe) sempre me odiou porque sou homossexual". O mais triste é que talvez tenham razão. Um estudo da *New Yorker* pediu a uma vasta gama de pessoas que respondesse à seguinte pergunta: "O que você preferiria para seu filho ou sua filha: que fosse heterossexual, sem filhos, não casado ou casado mas um tanto infeliz; ou que fosse homossexual, com um relacionamento estável e feliz e com filhos?". Mais de um terço dos entrevistados escolheu a opção "heterossexual, sem filhos, não casado ou casado mas um tanto infeliz". De fato, para muitos pais a homossexualidade é um castigo que lhes foi infligido por causa de suas próprias transgressões; ela não diz respeito à identidade dos filhos, mas à identidade dos pais.

Tenho tendência a uma humildade gay menos espaventosa do que o orgulho gay estilo bandeira arco-íris, mas que é livre dos atributos negativos da vergonha gay. Sei que muitas coisas na minha vida são, pelo menos em parte, compensações exageradas por persistentes sentimentos homofóbicos de falta de masculinidade. Eu salto de paraquedas, tenho uma arma de fogo e pertenço a um clube de tiro, e faço atividades para a organização Outward Bound no verão — tudo para compensar o tempo que invisto no que ainda considero um interesse não masculino por roupas, a busca da arte e o abraço erótico e emocional de homens. Em geral me apresento como bissexual e mantive três relações de longo prazo com mulheres, em parte para dar mais provas de masculinidade — o que tem sido um esforço de proporções às vezes devastadoras. Mesmo com homens eu às vezes tento encenar uma dominação que não sinto necessariamente, procurando redimir minha masculinidade mesmo num contexto gay. Perdi muito tempo dessa maneira.

Agora consigo reconhecer os elementos de homofobia internalizada e acredito que estou bem livre do fardo de tristeza que veio junto com minhas preferências sexuais. Tenho usado medicamentos e extensa terapia para tratar a depressão; o fato de meu problema ter origem social não significa que eu precise esperar uma solução social para ele. A depressão gay, como qualquer depressão, responde favoravelmente à intervenção médica, psicológica e social, e os que dela sofrem deveriam buscar a ajuda mais rápida e eficiente possível. Construir uma vida melhor só pode começar de fato quando nos livramos dos sintomas mais abjetos.

Mantive uma série de relacionamentos significativos de longo prazo com homens, e a vida com meu último namorado foi incrivelmente feliz durante os vários anos que durou — mais feliz do que jamais imaginei que pudesse ser. Acho que a batalha para enxergar minhas fobias e meus demônios com clareza me ajudou a amar de um modo mais profundo e a valorizar o amor de maneira mais completa; ela tem me dado um conhecimento de mim mesmo e uma capacidade de intimidade que de outra forma talvez me faltassem; tornou-me uma pessoa melhor e por fim me conduziu à verdadeira realização e até mesmo à grande alegria. No fim, não tenho muito a lamentar, mas espero que para os próximos que trilhem esse caminho a travessia seja um pouco mais fácil.

A armadilha da hereditariedade[*]

Suicídio se propaga na família. Não se sabe com clareza até que ponto é uma predisposição genética e até que ponto ter um pai ou uma mãe que se matou torna a opção mais prontamente disponível, embora as duas coisas sejam sem dúvida verdadeiras.

O suicídio é o ponto-final de muitas depressões, mas inúmeras pessoas, apesar de agudamente deprimidas, não se tornam suicidas. Cometer suicídio requer um misto de depressão e impulsividade; a depressão em excesso é passiva, submissa e neutralizante. A dor pode ser intolerável, mas a perspectiva de tomar uma providência deliberada como o suicídio é esmagadora.

O modelo do suicida literário, do escritor cuja sujeição ao ofício pode ser consequência ou causa da mais horrenda depressão, é recorrente; David Foster Wallace é o último elo dessa triste corrente. Sylvia Plath escreveu sobre depressão de forma explícita e lindamente em *A redoma de vidro*, onde descreveu: "Eu não con-

[*] Publicado pela primeira vez em: "Why the Plath Legacy Lives", Room of Debate, *New York Times*, 24 mar. 2009.

seguia reagir. Sentia-me muito quieta e muito vazia, como deve ser o olho de um tornado, avançando monotonamente em meio ao tumulto circundante".

Para qualquer um que já foi deprimido, essa descrição soa espantosamente verdadeira. Ela tinha talento, beleza e era casada com um grande poeta, mas essas exterioridades não conseguem aliviar o desespero de estar no olho do furacão. Por muito tempo, toda a obra de Plath (como a de Virginia Woolf) foi lida através das lentes de seu suicídio. Ela é, na verdade, uma poeta notável, cujos escritos mereceriam nossa atenção mesmo que a autora tivesse vivido seus dias feliz, levando os filhos para jogar futebol no subúrbio.

Agora seu filho se matou, depois de uma longa luta contra a depressão. É triste pensar que nestes tempos de maravilhas psicofarmacológicas e cognitivo-comportamentais, ele não tenha conseguido superar a doença. Não sei que tratamento recebeu ou buscou, mas sei que tinha por herança o olho calmo e vazio, e essa forma tristemente definitiva de lidar com ele. Pais que sofrem de depressão não são capazes de impedir a transmissão da doença.

Os que cometem suicídio implantam a ideia de que se trata de uma opção viável, mas é bem possível que Nicholas Hughes vivesse atormentado por demônios que podia perfeitamente chamar de seus. Toda vida que se perde para o suicídio é trágica, esteja ou não associada à poesia.

A depressão também é uma coisa com penas*

Sempre lamentei que a prática convencional seja viajar para promover um livro depois que ele foi publicado. Aprende-se muita coisa dando palestras sobre um assunto: fica claro o que agrada e o que não agrada; também fica claro o que plateias não especializadas já assimilaram e o que para elas é novidade, distinção que pode ser obscurecida quando se está tão envolvido num trabalho que tudo a respeito dele lhe parece familiar. Você sumariza seu projeto duas vezes: uma antes de mergulhar nele, quando está em busca de um editor e sabe muito pouco do que está falando, e outra quando o explica para as pessoas em contextos profissionais depois que ele está pronto e você é capaz de condensar anos de pesquisa. Minha sinopse prévia adquiriu a forma de um artigo para a *New Yorker*, "Anatomia da melancolia",[1] no qual eu falava sobre minha depressão, ainda escrevendo basicamente de dentro dela.

---

* Publicado pela primeira vez em: *Contemporary Psychoanalysis*, 1 jan. 2008. O título é uma alusão ao poema "'Hope' is the Thing with Feathers", de Emily Dickinson.

Em 2001, publiquei *O demônio do meio-dia: Uma anatomia da depressão* e desde então fiz muitas palestras, mais de vinte turnês magníficas e falei para jornais, revistas, rádio e televisão sobre meu assunto. Aqui registrei, um pouco editada, uma versão da palestra que agora faço, a sinopse do meu livro, enriquecida com experiências e informações mais recentes. Meu livro sobre depressão, *O demônio do meio-dia*, foi extraído de minha própria experiência e da experiência de muitas pessoas. O que eu na verdade pretendia era escrever um livro que fosse uma resposta a algumas necessidades que tive quando estava severamente deprimido. De início, eu tinha vários objetivos, que foram se alterando um pouco à medida que eu avançava. Primeiro, eu queria unificar o campo, porque, embora encontrasse livros sobre depressão nas áreas de filosofia, neurologia, psicodinâmica, economia, teologia, autoajuda, memórias, autobiografia, sociologia, antropologia e história, a situação em todo esse reino era caótica; essas diferentes escolas de conhecimento não estavam integradas nem unificadas. Para um leigo que tentasse entender alguma coisa sobre depressão, era muito difícil juntar tantas ideias díspares num todo coerente. Portanto, meu objetivo inicial era descobrir uma voz única que reunisse tudo e mostrasse que ideias vistas como conflitantes sobre depressão eram na verdade apenas múltiplos vocabulários para descrever o mesmo conjunto de fenômenos.

Eu também estava interessado em derrubar a ideia de depressão como uma doença moderna, ocidental e de classe média, descrevendo como ela tinha sido concebida e reconhecida historicamente, observando diferentes modelos culturais e examinando a depressão em populações pobres. Acima de tudo, enquanto trabalhava no livro, cada vez mais me impressionava o fato de algumas pessoas terem doenças que pareciam menores, como elas próprias descreviam, mas ficarem incapacitadas por completo; enquanto outras, que tinham o que pareciam ser grandes sintomas e doenças severas, de alguma forma, nos intervalos dos episódios, davam um jeito de ir em frente com alguma qualidade e algum sentido de vida. O nível de função e a severidade da doença não estavam necessariamente correlacionados. Essa revelação me levou a ficar fascinado pelo vínculo entre personalidade e doença, por isso tentei, em última análise, entender o que é a depressão ontologicamente e por que ela afeta as pessoas de modo tão diferente.

Cheguei a esse assunto não por uma curiosidade abstrata, mas porque sofria de uma depressão severa e tinha passado por crises sérias. Eu sempre me achara mais ou menos duro, mais ou menos forte e mais ou menos capaz de enfrentar qualquer coisa. Então sofri uma série de perdas pessoais. Minha mãe morreu. Uma relação que eu mantinha chegou ao fim, e muitas outras coisas deram errado. Consegui sobreviver, passar mais ou menos ileso por essas crises. Até que, dois anos depois, de repente comecei a me entediar com muita frequência. O oposto da depressão não é a felicidade, e sim a vitalidade, e era a vitalidade que parecia escoar de mim. Não me sentia muito tocado nem entusiasmado com nenhuma das coisas que antes me enchiam de alegria e prazer. Lembro particularmente que, ao chegar em casa e ouvir as mensagens na secretária eletrônica, ficava cansado, em vez de feliz, de ouvir os amigos e pensando: "É muita gente para eu ligar de volta". Naquela época, publiquei meu primeiro romance, que recebeu boas críticas. Porém não dei a menor importância. Toda a vida eu sonhara em publicar um romance, ali estava ele, e tudo que eu sentia era um vazio. Foi assim por um bom tempo.

Então o sentimento de que a vida era um esforço contínuo se instalou. Tudo parecia exigir um empenho enorme, opressivo. Eu pensava: "Ah, preciso comer alguma coisa". Depois pensava: "Mas tenho que pegar a comida. Pôr num prato. Cortar. Mastigar. Engolir". De repente era como se fossem as estações da via-sacra.

Para mim era inconcebível passar por tudo aquilo. Depois eu pensava: "Ah, eu precisava tomar banho". Mas eu não conseguia me organizar para isso. Uma das coisas com frequência esquecidas nas discussões sobre depressão é que ela é um estado ridículo. A pessoa deprimida quase sempre reconhece que é ridículo se sentir tão incapacitada para as coisas triviais da vida diária. Quase sempre pessoas deprimidas ficam lá sentadas sabendo, como eu sabia, que todo mundo toma banho e almoça todos os dias, que essa não é uma questão, e tudo bem. Portanto, enquanto tudo isso acontecia, eu me irritava comigo, pois sabia que aquilo tudo era uma idiotice. No entanto era vívido, físico e agudo, e me deixava impotente. Com o tempo, passei a fazer menos coisas, a sair menos, a interagir menos com outras pessoas, a pensar menos, a sentir menos.

Então a ansiedade tomou conta. Se alguém me dissesse que eu teria que me sentir deprimido por um mês, eu responderia que, desde que fosse temporário, eu aguentaria. O que há de mais crítico no inferno da depressão é sentirmos que jamais voltaremos à tona. Se pudermos aliviar esse sentimento, esse estado, apesar de triste, é tolerável. Mas, se alguém me dissesse que eu sofreria de ansiedade aguda por um mês, eu me mataria, porque cada segundo dela seria insuportavelmente horroroso. É o sentimento constante de estarmos absolutamente aterrorizados e de não sabermos do que é que temos medo. Lembra a sensação de quando escorregamos ou tropeçamos, a sensação de que o chão está vindo em nossa direção antes de cairmos. Sensação que dura um segundo e meio. A fase de ansiedade da minha primeira depressão durou seis meses. Foi incrivelmente paralisante.

Na época, eu fazia tratamento com alguém que eu carinhosamente chamo de psicanalista incompetente, que me dizia sempre que eu era muito corajoso por evitar medicamentos e tentar resolver tudo num nível psicodinâmico. Apesar de eu achar a psicodinâmica muito poderosa, e de ter adquirido uma grande compreensão de minhas tendências depressivas pelo contínuo trabalho analítico, na época eu marchava para um sério colapso nervoso. Um colapso nervoso que poderia ter sido facilmente controlado. Se tivesse sido controlado depressa, se tivesse sido revertido depressa, eu não teria escrito meu livro, o que seria uma lástima para mim, profissionalmente. Mas em todos os outros sentidos as coisas poderiam ter sido bem melhores do que foram. Fui ficando cada vez mais doente, até que um dia acordei achando que eu talvez tivesse tido um derrame. Lembro de estar deitado na cama pensando que nunca me sentira tão mal na vida e que deveria chamar alguém. Da cama olhei para o telefone na mesa de cabeceira, mas não consegui alcançá-lo e discar um número. Fiquei ali deitado por quatro ou cinco horas, olhando fixamente para o telefone. E por fim ele tocou. Consegui atender. E disse: "Estou com um problema grave". Foi quando enfim busquei antidepressivos e iniciei um tratamento sério para minha doença.

Tenho convicção de que o problema deve ser abordado através de múltiplas estratégias. Para mim, a medicação era um passo absolutamente necessário para atenuar o vazio destruidor dos meus terríveis episódios de depressão. Porém, depois que comecei a voltar a ser um razoável fac-símile de mim mesmo, havia a necessidade de outro tipo de trabalho. Precisei descobrir o que deflagrava meus episódios e como controlá-los. Fiz isso com o terapeuta com quem começara a me tratar depois do término da terapia com o analista que não conseguiu me ajudar na minha crise inicial. Nosso trabalho se baseava sobretudo no pensamento psicanalítico, embora incorporasse aspectos dos modelos cognitivo-comportamentais. Meu terapeuta não era apenas uma fonte de insight, mas também um profissional de saúde mental afável e muito bem informado, que me observava e comentava se eu parecesse estar indo numa direção errada — o que significa dizer que desempenhava uma função muito prática, bem separada de qualquer teoria. O verdadeiro trabalho, porém, era o analítico. Se você está deprimido e particularmente deixou a medicação remodelar seus estados mentais, você precisa entender que está no nível mais fundamental de todos. Precisa separar os fatos químicos da depressão dos fatos empíricos; precisa entender os padrões que as tendências depressivas certamente forjaram em sua vida. Precisa examinar a relação entre amor e depressão dentro de sua própria experiência. Precisa apreender a ideia de que está tomando medicamentos e determinar se eles o tornaram mais você mesmo ou fizeram você se tornar outra pessoa. Precisa saber o que a tristeza é essencialmente, onde ela está alojada em você e de que modo encobre em parte a depressão como doença. Todas essas questões são mais bem compreendidas e resolvidas através do trabalho psicodinâmico e dos vocabulários organizadores da análise. Agora tenho um psicofarmacologista e um psicanalista, e eu não seria quem sou hoje sem a atuação deles e sem nosso empenho conjunto. A moda das explicações biológicas para a depressão parece ignorar o fato de que a química tem um vocabulário diferente para um grupo de fenômenos que também pode ser descrito psicodinamicamente. Nem nossa farmacologia nem nosso insight analítico são avançados o suficiente para fazer todo o trabalho; abordar o problema dos dois ângulos é descobrir não apenas como se recuperar, mas também como viver a vida que precisa vir depois da recuperação.

Esse é um breve resumo da minha depressão. É importante examinar também descrições da depressão feitas por algumas pessoas que entrevistei quando trabalhava no livro, porque depressão é uma doença de muitos tamanhos e formas, e as pessoas a descrevem de maneiras diferentes. Laura Anderson foi uma das que me escreveram depois que meu artigo sobre depressão saiu na *New Yorker* em 1998. Ela e eu trocamos e-mails diários durante todo o tempo em que eu preparava o livro. Quando me escreveu pela primeira vez, ela passava por uma espécie de euforia maníaca. Não sei se ela é realmente bipolar, mas sem a menor dúvida vivia um estado de euforia. Depois tudo recomeçou para ela. A depressão tende a ser cíclica. O episódio inicial com frequência combina uma vulnerabilidade biológica com um gatilho ambiental. Algumas pessoas são imensamente vulneráveis e ficam deprimidas depois de um minúsculo gatilho ambiental. Outras não são tão vulneráveis e precisam de um gatilho grande de fato para caírem em depressão aguda. Uma vez desencadeada a doença, chega-se a um ponto em que, com ou sem gatilhos ambientais, a tendência é experimentar ciclos alternados de bem-estar e depressão. Laura Anderson estava indo relativamente bem, até que começou, como era de esperar, a reviver o ciclo. Ela me escreveu um e-mail: "Ainda não é uma depressão plena. Mas estou desacelerando um pouco. Quero dizer que preciso me concentrar em cada coisa que faço em mais e mais níveis. Não estou completamente deprimida no momento. Mas estou tendo uma recaída". Dias depois, me escreveu: "Agora só tomo banho de banheira, porque a água caindo do chuveiro em mim é mais do que consigo aguentar de manhã; nestes dias ela me parece uma forma violenta de começar o dia. Dirigir é um esforço. A mesma coisa ir ao caixa eletrônico. Fazer compras. Qualquer coisa". E poucos dias depois: "Até agora o dia tem sido um exercício de me obrigar a fazer as coisas mais insignificantes e tentar avaliar o quanto a situação é séria. Será que estou mesmo deprimida ou é só preguiça? Será ansiedade provocada por excesso de café? Ou de antidepressivos? O próprio processo de avaliação me fez começar a chorar". Uma semana depois: "Estive olhando umas fotos antigas hoje. Elas me pareceram flagrantes da vida de outra pessoa. Meu humor continua sombrio. Terror matinal e um abjeto desamparo no fim da tarde". Por fim: "Hoje meu namorado me arrastou para o Jardim

Botânico. Na descrição de uma das árvores uma placa dizia: 'todas as partes mortalmente venenosas'. Pensei que talvez eu pudesse ir até a árvore, mastigar uma ou duas folhas, me encolher debaixo da saliência de uma pedra e apagar. Tenho saudade da Laura que hoje adoraria pôr um maiô, se deitar ao sol e olhar o céu azul, azul. Uma bruxa perversa a arrancou de mim. A depressão leva tudo que eu realmente gosto em mim, que, aliás, nem é tanta coisa assim. Me sentir desamparada e cheia de desespero é apenas um jeito mais lento de estar morta".

Essa sensação de paralisia é que tenta as pessoas a buscarem uma paralisia definitiva. Numa depressão a pessoa se sente tão totalmente destruída, tão pouco ela mesma, que isso pode levar a uma disposição suicida. De acordo com a Organização Mundial da Saúde, a depressão é uma das doenças mais incapacitantes do mundo; em termos de perda de anos de vida útil, será, na próxima década, a principal causa mundial de incapacitação.[2] É uma doença gigantesca, epidêmica. Apesar disso, costuma-se banalizá-la, e pelas mais diversas razões. A primeira é que, infelizmente, na maioria das línguas ocidentais, uma única palavra descreve o espectro de emoções que vai desde o modo como uma criança pequena se sente quando chove no dia do seu aniversário até o estado de ânimo das pessoas que cometeram suicídio da forma mais atroz. É de uma estranha pobreza linguística. Significa que quando você diz de alguém: "Ah, ele está com uma depressão aguda", as pessoas tendem a pensar: "Ora, eu também fico deprimido e sei lidar com isso". Não entendem a diferença. Isso ocorre em parte porque, eu acho, há uma questão persistente e significativa de saber até que ponto a depressão se inclui no espectro normal de estados de ânimo, alinhando-se, em progressão, à tristeza, à dificuldade ou ao desespero comuns, e até que ponto constitui realmente uma condição clínica separada. À maneira das abordagens integrativas, é importante dizer que ela é as duas coisas. Para

82

nós é uma grande vantagem evolutiva dispormos de um espectro de estados de ânimo e sermos capazes de sentir alegria, tristeza, raiva, angústia. Quando esse espectro de estados de ânimo vai além de sua útil amplitude e adentra outra arena, ele se torna algo diferente. É como ter uma cerca que ficou um pouco enferrujada; até aí tudo bem. Então ela enferruja mais um pouco e começa a balançar. Depois, quando ela fica enferrujada de verdade, ela desaba e não está mais ali. Simplesmente virou pó. Isso significa o mesmo que apenas um pouco de ferrugem corriqueira? Na depressão clínica, existe alguma coisa adjacente à amplitude emocional normal, mas que, entretanto, se torna categoricamente diferente quando atinge um ponto extremo.

A meu ver, a diferença entre depressão e tristeza é muito clara. A tristeza é altamente importante. Do mesmo modo, a tristeza antecipatória e, até certo ponto, a tristeza ansiosa são importantes e parte, na verdade, da nossa experiência do amor. Se amamos uma pessoa e pensamos: "Se ela morrer, vou ficar bem, vou amar outra pessoa", isso não é amor como o conhecemos. Amor tem a ver com segurar. Tem a ver com o que Rilke descreveu como segurar e deixar ir.[3] Não existe a menor possibilidade de amor sem o potencial da tristeza, sem a experiência da tristeza. De outro lado, há um ponto em que a tristeza é tão grande que ficamos total e absolutamente paralisados e imprestáveis para nós mesmos, imprestáveis para o resto do mundo, e completamente disfuncionais.

Com frequência me pedem para diferenciar pesar de depressão. O pesar é explicitamente reativo. Em essência, se alguma coisa terrível acontece, nos deixa pesarosos e um ano depois ainda estamos tristes, mas menos tristes do que antes, então é provável que o que sentimos seja pesar, que com o tempo vai passando. Mas se alguma coisa acontece e nos sentimos terrivelmente mal, e seis meses depois nos sentimos ainda pior e mais incapazes de funcionar, e seis meses depois disso nos sentimos como se não pudéssemos enxergar além do mundo do nosso ego, isso é depressão. A trajetória, eu acho, costuma ser a medida mais importante, mais significativa do que o grau de aflição em qualquer momento isolado.

Eis outra descrição da depressão. Esta é de Maggie Robbins, uma de minhas melhores amigas desde os meus dezesseis anos. Maggie sofre de transtorno bipolar agudo e teve o primeiro colapso nervoso real que testemunhei, quando estávamos no primeiro ano da faculdade. Ela passou por vários episódios de depressão e mania. Acabou ficando boa. Tratava-se com alguém que lhe disse, depois de dez anos se sentindo bem, que ela talvez devesse parar de tomar lítio. Foi um péssimo conselho. Ela teve outro sério episódio depressivo, o pior que já vi de perto. Mudou-se para o apartamento dos pais, onde ficava sentada, catatônica, num canto, durante semanas. Quando conversamos sobre isso depois, ela disse: "Eu ficava deitada na cama cantando o tempo todo 'Where Have All the Flowers Gone?', para manter a cabeça ocupada. Agora eu percebo que poderia ter tomado outras drogas ou ter pedido que alguém fosse dormir no meu quarto. Mas eu estava doente demais para pensar nisso. Eu não conseguia dizer o que me apavorava tanto. Eu achava que ia explodir de ansiedade. Eu simplesmente fui afundando, afundando, afundando, afundando. Vivíamos trocando de remédio. Mas eu apenas continuava afundando. Acreditava nos meus médicos. Sempre concordei que eu acabaria voltando ao normal. Mas não conseguia esperar. Não conseguia esperar nem mesmo o próximo minuto. Eu cantava para apagar as coisas que a minha mente dizia, que eram: 'Você é… você nem merece viver. É uma inútil. Nunca vai ser nada. Você não é ninguém'. Foi quando de fato comecei a pensar em me matar. Na depressão, você não acha que colocou um véu cinza e que está vendo o mundo através da névoa do mau humor. Você acha que o véu foi tirado, o véu da felicidade, e que agora é que você está enxergando de verdade. Você tenta pegar a verdade e desmontá--la. E acha que a verdade é uma coisa fixa. Mas a verdade é viva e corre de um lado para o outro. Você consegue exorcizar os demônios de esquizofrênicos que acham que há alguma coisa estranha dentro deles. Mas é muito mais difícil com pessoas deprimidas, porque nós acreditamos que estamos vendo a verdade. Só que a verdade mente".

Essa formulação de uma verdade que mente é poderosa demais. Quando deprimidas, as pessoas têm uma longa série de percepções negativas. Algumas são muito fáceis de contradizer, por serem imprecisas. Alguém que está deprimido dirá: "Ninguém me ama. Não tem sentido, porque ninguém me ama". E é muito fácil dizer para alguém assim: "Eu te amo. Sua mãe te ama. Seus filhos te amam. Seus amigos te amam". Todas essas respostas podem ser dadas, pelo menos para uma pessoa que seja de fato amada por alguém. Também pode ser o caso de pessoas deprimidas terem percepções corretas, mas associando a elas um efeito exagerado. Assim, dirão: "Sabe como é, seja o que for que a gente faça nesta vida, no fim todo mundo, de um jeito ou de outro, vai morrer". Ou então: "É impossível haver uma união verdadeira entre duas pessoas. Cada um de nós está preso sozinho ao seu próprio e único corpo". É preciso estarmos preparados para responder: "Verdade. Mas por enquanto vamos nos concentrar no nosso café da manhã". É terrivelmente difícil lidar com essa mudança de afeto. Quando paramos para pensar no assunto, nos damos conta de que há muita coisa de inerentemente trágico na condição humana, no processo de envelhecimento e no isolamento em que todo mundo acaba morrendo.

O extraordinário é que a maioria de nós consegue seguir em frente vivendo sem se deixar distrair ou incapacitar por essas coisas. É uma vantagem evolutiva e social ter algum grau de otimismo protetor que nos permita ignorar a escuridão da experiência humana. A questão de saber se pessoas deprimidas veem o mundo de forma mais precisa do que os outros tem sido muito debatida. Atraiu-me particularmente um estudo no qual um jogo de video game foi distribuído a um grupo de pessoas deprimidas e a um grupo de pessoas sem depressão; eles jogaram durante uma hora e depois tiveram que dizer quantos monstrinhos achavam que tinham matado. As pessoas deprimidas foram, em geral, entre 8% e 9% mais precisas. E as não deprimidas acharam que tinham matado entre oito e doze vezes mais monstrinhos do que de fato mataram.[4] Mas elas são o grupo normal. Se você tiver uma opinião excessivamente otimista, acaba assumindo riscos idiotas, o que é muito destrutivo. O otimismo moderado, porém, é o estado sobre o qual vidas e sociedades são construídas com mais êxito. É muito difícil discutir com pessoas deprimidas porque elas costumam dizer: "O que eu tenho não é doença, é insight". Precisamos ser capazes de enunciar que é insight, que insight é doença e que, uma vez que a pessoa esteja tendo dificuldade de tolerá-la, a doença precisa ser tratada.

Uma das questões que mais me interessaram quando eu trabalhava nesse campo é a dos métodos eficazes de tratamento. Comecei como um médico reacionário. Achava que poucos tipos de psicoterapia pareciam eficientes e que tudo indicava que as terapias cognitivo-comportamental e interpessoal tinham um histórico melhor. Achava que poucos medicamentos funcionavam. Eu achava que realmente era assim. Trabalhando em meu livro, comecei a examinar tipos diferentes de tratamento, e minha perspectiva mudou. O que me preocupa — e por isso me recusei, recentemente, a endossar um livro sobre tratamentos alternativos — é o raciocínio, com frequência defendido pelas pessoas que estão por trás de diversos tratamentos alternativos, de que eles são de alguma forma mais "naturais" do que os tratamentos convencionais e que, portanto, é a eles que deveríamos recorrer. Abomino esse falso imperativo moral. Não creio que exista alguma regra sobre o que as pessoas deveriam procurar, mas me parece perigoso que se voltem para algo sem comprovação. Agindo assim, elas retardam o início de algo que já tem eficácia comprovada. Consequentemente, a depressão pode se intensificar, tornando-se mais difícil de controlar. Algumas dessas pessoas se matam.

Dito isso, porém, fiquei maravilhado em descobrir tantos tratamentos diferentes aos quais as pessoas tinham respondido bem. Se você tem um tumor cerebral e acha que se sente melhor depois de ficar vinte minutos de ponta-cabeça todas as manhãs, de certa forma vai se sentir melhor, mas o tumor no cérebro continuará lá, e provavelmente você vai morrer disso se não procurar outro tratamento. Mas se você tem depressão, a depressão é uma doença de como você se sente. E se você chega à conclusão de que ficar vinte minutos de ponta-cabeça todas as manhãs o deixa mais animado, é porque está funcionando. Você não está mais deprimido. Não tem depressão porque não se sente deprimido. À medida que eu fui conhecendo gente que tinha respondido bem a diferentes tipos de tratamento, eu me tornei mais e mais receptivo. Alguns desses tratamentos funcionam como placebos, mas uma vigorosa resposta a um placebo é uma cura nesse campo. Alguns funcionam de forma mística. Outros representam ideias científicas bastante avançadas. Fiquei tremendamente impressionado com a variedade de coisas que têm funcionado.

Outra pessoa que entrevistei quando trabalhava em meu livro foi Frank Rusakoff. Frank estava num estado terrível quando o conheci. Tinha uma depressão refratária extremamente severa. Tudo tinha dado certo com ele na época da faculdade. Jogara no time de futebol da Northwestern. Tinha sido popular e alegre; ele é agradável e bonito. Um dia, quando assistia a um filme, de repente se sentiu tomado por um desejo de morrer tão agudo que saiu do cinema, pegou o carro, foi até um hospital e se internou. Nos oito ou nove anos que se seguiram, ele só piorou. Não respondia a nenhum medicamento. Fazia todas as terapias possíveis. Acabou respondendo à terapia eletroconvulsiva (ECT), em muitos sentidos o tratamento mais eficaz que temos, embora não o mais agradável. No entanto sua resposta à ECT foi muito limitada e breve.

Quando o conheci, ele estava fazendo sessões de ECT no começo de cada mês. Depois disso, passava quatro ou cinco dias muito desorientado. Em seguida, sentia-se bem por uma semana, depois da qual tinha uma piora real de dez ou doze dias. Até chegar a hora de outra sessão de ECT; submetia-se à ECT mensalmente, como manutenção. Estava magro e pálido, abatido, suando muito e extremamente infeliz. Disse que não conseguia ver como poderia continuar vivendo. Mas acrescentou: "Sei que se eu cometesse suicídio, destruiria meus pais, e não suporto a ideia de fazer isso. Mas também não posso continuar vivendo assim, e estou tentando achar uma saída". Ele tinha lido sobre a cingulotomia no hospital Massachusetts General. É uma intervenção na qual uma pequena lesão é queimada no cíngulo anterior. Ele se inscreveu no programa. Lembro-me de ter ficado atônito de saber que alguém que sofria tanta dor havia tanto tempo, que viu diversos tratamentos fracassarem um após o outro, ainda tivesse, sepultado nele, debaixo de toda aquela depressão, otimismo suficiente para tentar outro tipo de tratamento.

Ele fez a cingulotomia, que ele disse ter sido uma experiência assustadora e estranha. Depois disso, com medicação adicional e terapia contínua, melhorou bastante. Agora está muito bem, casou e tem dois filhos; é um marido e pai maravilhoso. Leva uma vida totalmente diversa da vida que tinha quando o conheci. Um ano depois da cirurgia, me escreveu esta carta no Natal: "Meu pai me deu dois presentes este ano. Primeiro, um porta-CDs motorizado da Sharper Image. É algo totalmente desnecessário e extravagante, mas ele sabia que eu ia achar o máximo. Abri aquela caixa imensa e vi uma coisa de que eu, na verdade, não precisava de jeito nenhum, e entendi que meu pai estava comemorando o fato de eu estar vivendo por minha própria conta, ter um emprego do qual eu aparentemente gostava e ser capaz de pagar minhas contas. O outro presente era uma foto da minha avó que cometeu suicídio. Quando abri o presente, comecei a chorar. Ela era linda. Está de perfil, olhando para baixo. Minha mãe veio até a cadeira e me perguntou se eu estava chorando por causa de todos os parentes que não cheguei a conhecer, e eu disse: 'Ela tinha a mesma doença que eu tenho'. Neste momento estou chorando. Não é que eu esteja triste, apenas me emocionei. Talvez porque eu poderia ter me matado também, mas não fiz isso porque estava cercado de pessoas que me convenceram a prosseguir. E fiz aquela cirurgia. Estou vivo e agradeço aos meus pais e aos médicos. Vivemos na época certa, embora nem sempre pareça".

Quero enfatizar, por um momento, essa ideia de viver na época certa, porque me parece que muitas pessoas que conheci conseguem, como eu, levar uma vida extraordinariamente boa em razão dos avanços que ocorreram no entendimento da depressão. Ainda há um longo caminho pela frente. Ainda há muita coisa a ser conquistada. Espero que, quando eu for mais velho, as pessoas possam me dizer: "Meu Deus, como era viver naquele tempo em que você tinha que tomar aqueles remédios terríveis, que funcionavam de forma tão inconsistente e provocavam aqueles efeitos colaterais horrorosos? Como era passar tanto tempo tentando descobrir quais eram os que iam funcionar para você?". Espero que tudo isso um dia pareça uma coisa bárbara. Espero que os avanços na imagiologia permitam compreender melhor o que está acontecendo, em vez de se explorar o vago sentimentalismo sobre neurotransmissores, que parece ser a maneira como as pessoas entendem a doença agora. Dito isso, porém, sinto que para mim foi uma sorte incrível ter acesso ao tratamento hoje disponível, muito melhor do que qualquer coisa existente apenas poucas décadas atrás.

Acho que tenho sorte também com relação a outros dois tópicos, sendo um deles o estigma. A existência de tratamentos melhores levou as pessoas a falarem de forma mais aberta sobre a doença — não tão abertamente como me propus a falar, mas em geral de forma mais aberta. Isso alivia a dor das pessoas que lidam com a depressão. Quando estive numa conferência alguns anos atrás sobre outro assunto, uma mulher se aproximou de mim e disse: "Sabe de uma coisa, tenho lidado com a depressão. Não falo muito sobre isso, e ninguém realmente sabe. Mas quero pedir seu conselho sobre a medicação que estou tomando. Por favor, não diga nada ao meu marido. É desses que nunca entenderiam". Dei-lhe o conselho que ela pediu, até onde me senti qualificado para fazê-lo. No fim da conferência, o marido dela, que também estava assistindo, me puxou de lado e disse: "Por favor, não comente isto com ninguém, principalmente com a minha mulher, que acha que eu sou um homem de verdade e não pensaria mais assim se soubesse. Estou tomando remédio para depressão e preciso de um conselho seu".

Na verdade, os dois estavam tomando a mesma medicação, que escondiam em lugares diferentes do mesmo quarto. Senti que parte das queixas deles devia-se à má comunicação do casal e que resolver isso seria um jeito de avançar. Mas, enquanto conversava com eles, me perturbou demais a natureza opressiva daquele segredo mútuo. A depressão é exaustiva. Ocupa demais a nossa consciência. É demorada, não é uma coisa que você resolva rapidamente com remédio e fica bom. Para quase todo mundo com depressão, ela é uma doença recorrente, da vida inteira. Ter que viver, além de tudo, sob a tensão desse silêncio serve apenas para tornar a depressão ainda mais aguda e inconveniente.

Algum tempo atrás encontrei uma conhecida minha de muitos anos que passou por severos episódios depressivos e que se sentia incrivelmente orgulhosa de não estar tomando remédio nem fazendo tratamento nenhum. Em vez disso, o que fez foi simplificar a vida. E me contou como era sua vida. Saiu do emprego. A renda que tinha dava para isso, para ir se virando como podia. Parou de ter namorados porque achava tudo muito estressante. Reduziu sua vida a um pântano de inutilidade. Já eu sou muito grato pela medicação, em parte porque permitiu a remissão dos meus sintomas mais agudos, em parte porque me deu resistência e força para continuar a vida interessante e boa que levo agora, envolvido com o mundo e com outras pessoas. Mesmo com a medicação eu me sinto triste, mas não porque seja quase impossível para mim escutar as mensagens da secretária eletrônica, comer, tomar banho, mas porque fico arrasado com a guerra do Iraque, com o sofrimento de amigos doentes, com a solidão das pessoas sobre as quais escrevi. Não é que eu seja menos triste. Na verdade, em certo sentido sou mais triste, porque o vazio foi controlado. Mas sou triste diante de coisas que justificam a tristeza. Sou triste de um jeito que espero seja frutífero, ou significativo, ou um componente do amor.

Alguém que entrevistei classificou a depressão como o segredo de família que todo mundo tem. Muita gente me diz que falar da minha depressão deve ser muito estressante. Às vezes é estressante, sim, porque deflagra uma avalanche de confissões dos outros. Mas não é comum eu passar pela experiência de ter pessoas me olhando com desdém por causa disso. O mais comum é ouvir pessoas que eu nunca imaginaria que tivessem a menor experiência com depressão dizerem: "Ah, eu também". Ou: "Deixa eu te contar o que acontece com a minha filha". Ou ainda: "Meu Deus, ando tão preocupada com essa minha amiga…". A onipresença desse mal é de fato espantosa. O mundo dos tratamentos alternativos é enorme. No outro extremo do espectro de Frank Rusakoff e sua cingulotomia, estão as cerimônias dos povos tribais. Ouvi falar em rituais para o tratamento de doença mental muito populares em certas regiões da África Ocidental. Fui ao Senegal porque um amigo tinha uma namorada senegalesa, Helene, que por sua vez tinha um amigo cujo primo conhecia alguém cuja mãe tinha um conhecido... e assim por diante, numa longa série de conexões que conduzia a uma pessoa envolvida na prática de um ritual chamado *ndeup*. Perguntei a Helene se me levaria até essa mulher para que eu a entrevistasse. Pegamos um carro e fomos até uma pequena aldeia no interior, onde entramos numa choça. Lá conheci essa mulher, uma presença enorme, teatral, poderosa. Conversamos sobre o *ndeup* por cerca de uma hora. Ela explicou todo tipo de coisa. Já no fim da entrevista, perguntei: "Olha, isso tudo é impressionante. Haveria, por acaso, alguma possibilidade de eu assistir a um *ndeup*?". Ao que ela respondeu: "Bom, eu nunca fiz na presença de um estrangeiro. Mas parece que o senhor está mesmo interessado. Veio aqui com a Helene. Sim, pode assistir se quiser". Eu disse: "Isso é fantástico! Quando vai ser o próximo ritual?". Ela respondeu: "Em algum momento nos próximos seis meses". Eu disse: "É muito tempo para que eu fique aqui esperando. Não haveria alguém precisando com um pouco mais de pressa, para que a senhora pudesse fazer um pouco mais cedo?". E ela: "Não, não, não é assim que funciona". Eu disse: "Que pena! Acho que então não vai dar". Quando eu ia saindo, ela disse: "Espero que não se ofenda com o que vou dizer, mas o senhor não parece estar assim tão bem. Nunca fiz num estrangeiro, mas acho que poderia fazer um *ndeup* no senhor". Respondi: "Ah... tudo bem... sem dúvida. Sim, seria ótimo". Em seguida, ela nos deu algumas instruções. Ao sairmos, Helene se virou para mim e disse: "Você tem ideia de onde está se metendo? Ficou maluco?". Eu disse: "Bem, a ideia é meio essa mesmo".

Sem descrever todo o procedimento, direi que o ponto alto foi quando, quatro dias depois, me deitei ao lado de um carneiro numa cama de casal improvisada. Era na praça dessa pequena aldeia, com toda a população dançando à nossa volta, em círculos concêntricos, e o barulho forte de tambores. Lençóis foram jogados em cima de mim e do carneiro. Fui avisado de que se o carneiro fugisse significaria muito azar, por isso eu precisava segurá-lo, ideia que não me deixava particularmente empolgado. Num momento-chave, os panos foram puxados e fui posto em pé. A tanga, única peça de roupa que eu usava, foi tirada, a garganta do carneiro cortada e cobriram-me com o sangue do carneiro recém-abatido. Nada poderia estar mais distante da psicoterapia praticada no Upper West Side de Manhattan. Depois tive conversas muito interessantes com os moradores. Vários tinham tido seus *ndeups*; um deles me disse: "Tive um *ndeup*, e foi uma coisa transformadora. Me salvou". Claro que ajuda quando se acredita que a depressão é provocada por um espírito invasor, passível de ser expulso do corpo nesse ritual. Mesmo sem essa crença, foi inebriante, em parte porque eu sabia que daria uma matéria sensacional, mas também porque há uma grande energia no fato de aquelas pessoas, que mal podiam se dar ao luxo de ficar um dia sem trabalhar nos campos, terem dedicado esse tempo a mim e dado tanta atenção ao meu estado mental.

Depois disso conheci em Paris um famoso especialista nesse assunto, que tinha trabalhado com rituais tribais. Ele disse que eu era o único ocidental de que ouvira falar que tinha se submetido a um *ndeup*; confirmou que era uma cerimônia clássica e que existem variantes dele numa área bastante ampla. Poucos anos depois, tive uma conversa bastante esclarecedora com uma pessoa. Eu fazia pesquisas em Ruanda sobre um assunto inteiramente diferente e conheci um homem que havia trabalhado no hospital psiquiátrico de Kigali. Contei-lhe minha experiência e ele disse: "Temos algumas coisas que não chegam a ser semelhantes, porque lá é a África Ocidental e aqui estamos na África Oriental, mas são um pouco parecidas". E acrescentou: "Na verdade tivemos problema com profissionais estrangeiros de saúde mental que vieram para cá depois do genocídio, alguns criaram muitas dificuldades". Perguntei: "O que houve? Qual foi o problema?". Ele disse: "Bem, eles chegaram aqui e suas práticas não tinham nenhuma das energias do ritual que você acaba de descrever. Eles não identificavam a doença como uma coisa externa, invasiva. Não chamavam a aldeia inteira para se reunir e reconhecer a doença, para participar tentando apoiar a pessoa que estava sendo tratada. O tratamento não era do lado de fora, na claridade do dia, onde você se sente feliz. Não havia música nem tambores para acelerar o coração, como o coração precisa ser acelerado. Em vez disso, levavam as pessoas uma de cada vez para dentro de cubículos sórdidos durante uma hora e pediam que elas falassem das coisas ruins que tinham acontecido. O que, é claro, as fazia se sentirem ainda pior, quase suicidas. Tivemos que dar um basta". Portanto, o relativismo cultural abre caminho nos dois lados.

Parte do meu objetivo tinha sido contradizer a ideia da depressão como uma doença moderna. Para tanto, voltei e examinei documentos históricos sobre depressão. A depressão tem sido descrita há pelo menos 2500 anos e é conhecida, sem a menor dúvida, há muito mais tempo. A definição de Hipócrates,[5] no meu ponto de vista, é muito mais precisa do que a estranha matemática do DSM-IV (Manual Diagnóstico e Estatístico de Transtornos Mentais da Associação Americana de Psiquiatria),[6] com suas listas de sintomas. Hipócrates descreveu uma doença que afligia seus pacientes. Disse que ela ocorria com mais frequência no outono e no inverno. Os sintomas eram "tristeza, ansiedade, abatimento moral, tendência ao suicídio, aversão a comida, prostração, insônia, irritabilidade e inquietação, acompanhados de medo prolongado". Acho que é claramente a depressão tal como a conhecemos. Havia uma tensão entre Hipócrates, que dizia ser a doença uma disfunção orgânica do cérebro, a ser tratada com remédios por via oral — o que significa que ele, embora não dispusesse dos ISRSS (inibidores seletivos da recaptação de serotonina), teve a ideia dos ISRSS —, e Platão, que afirmava ser um problema filosófico a ser tratado por meio de diálogos[7] — o que, essencialmente, é a ideia da psicanálise ou das terapias de conversa como categoria genérica. Eles debatiam muito sobre isso. E o faziam mais ou menos com o mesmo fervor com que se debate isso hoje. Denunciando a versão de Platão, Hipócrates dizia que tudo que os filósofos escreveram sobre essas ciências naturais tinha tanto a ver com a medicina quanto com a pintura.[8] Já Platão tinha palavras duras para a incapacidade de Hipócrates compreender a complexidade da alma humana.[9]

A busca de remédios administráveis por via oral tornou-se maravilhosamente bizarra. Crisipo de Cnido, um dos seguidores de Hipócrates, achava que a resposta para a depressão estava no consumo de mais couve-flor e alertava contra o uso do manjericão, que, segundo ele, podia levar à depressão.[10] E Filágrio, outro seguidor, acreditava que a depressão vinha da perda excessiva de esperma quando ocorria ejaculação durante o sono; receitava uma mistura de gengibre, pimenta, unguento e mel para controlar essa perda[11] — remédio que parece ter saído de moda. No mundo antigo, a depressão não era vista como mais infame ou terrível do que, por exemplo, a dispepsia. Era discutida abertamente. Quem sofria de depressão usava sem pestanejar a palavra "melancolia" ou variações desse termo. E assim foi durante o início do período cristão.

Depois São Tomás de Aquino categorizou todas as doenças em doenças do corpo e doenças da alma, e classificou as mentais como doenças da alma.[12] Foi nessa época que um enorme estigma ficou associado à depressão, pois doença da alma era marca do desagrado de Deus, portanto coisa muito vergonhosa. Logo depois, durante a Inquisição espanhola, surgiu a ideia de que as pessoas severamente deprimidas tinham desanimado de alcançar a redenção final, portanto não eram crentes legítimos. Desse modo, as pessoas podiam ser presas ou até executadas por estarem deprimidas na Espanha da Inquisição. Foi dessa teologia medieval que surgiu o estigma ainda hoje associado à depressão. O que há de extraordinário nesse material histórico é como são específicos, como são peculiares os argumentos sobre a depressão como algo vergonhoso.

Como vimos com Hipócrates e Platão, muitos argumentos que julgamos contemporâneos na realidade perpassam toda a história. Depois do período medieval, em que havia um enorme estigma associado à depressão, veio a tendência renascentista a glamorizar a depressão e interpretá-la como reflexo de uma profundidade de sentimento e de alma. É a época dos escritos maravilhosos de Robert Burton sobre o tema da depressão.[13] O Iluminismo via as pessoas depressivas como pouco capazes de raciocinar, por isso elas eram tratadas com aspereza. Há, portanto, um movimento pendular ao longo da história. Uma coisa que parece verdadeira é que quanto mais eficaz o tratamento, mais rapidamente uma doença é reconhecida. Tchekhov disse certa vez que se muitos tratamentos são prescritos para uma doença é porque ela não tem cura.[14] E a depressão certamente não tem cura. Mas tem muitos tratamentos. Como esses tratamentos proliferaram, reconhecer a doença passou a ter mais utilidade. Alguém que reconhecesse estar deprimido na Espanha medieval teria dificuldades com a Inquisição — mas o que poderia fazer depois de reconhecê-la? Não havia nada a ser obtido; receitavam-lhe eméticos e o aconselhavam a tocar a vida. Agora é de grande valia reconhecer que se está deprimido, porque existe a opção de buscar um tratamento significativo. Uma vez entendido isso, mais pessoas passam a falar a respeito de seus estados de espírito problemáticos.

Eu disse que queria desmentir a ideia de depressão ser coisa de classe média. Por isso saí em busca da depressão entre pessoas mais pobres, um grupo praticamente invisível para a sociedade. E invisível em parte porque elas tendem a não reconhecer sua depressão.

A depressão é causada pela interseção de uma vulnerabilidade genética, supostamente distribuída por toda a população, com circunstâncias externas desencadeadoras. Pessoas que vivem na pobreza têm mais circunstâncias externas deflagradoras do que as demais. Se você leva uma vida relativamente boa e começa a se sentir miserável o tempo todo, sua reação costuma ser pensar "O que há de errado comigo? Por que estou me sentindo assim?" e procurar um tratamento, porque o tratamento ajudará a conduzi--lo de volta ao que lhe parece normal e apropriado para sua vida. Se a sua vida é sombria, brutal e terrível em todos os sentidos, você se sente horrível o tempo todo, não lhe ocorre a possibilidade de estar doente, porque o jeito como se sente parece compatível com a vida que tem. Portanto, pessoas pobres que sofrem de depressão aguda em geral não buscam tratamento, porque não lhes ocorre que haja nada de anormal no jeito como se sentem. Porém a realidade, como descobri ao iniciar esse trabalho de pesquisa, não é que as pessoas sejam deprimidas porque são pobres, mas, pelo contrário, são pobres porque estão muito deprimidas. Pessoas deprimidas não conseguem segurar um emprego nem sustentar um relacionamento, e sua vida se torna terrivelmente desolada. Na percepção das pessoas, a causa e o efeito foram invertidos.

O que é necessário para lidar com depressão entre pessoas pobres é haver um processo que identifique aquelas acometidas pela doença e propor-lhes um tratamento, pois sozinhas elas não vão procurar por ele, não só porque talvez se sintam intimidadas com o sistema médico, mas também porque a necessidade de se tratar nem passou pela cabeça delas. Lembro-me de uma mulher que veio de uma área problemática dos arredores de Washington, DC. Ela tinha procurado uma clínica de planejamento familiar porque vivia uma relação abusiva com um homem muito cruel. Teve sete filhos, e a possibilidade de ter outro a apavorava. Enquanto estava na clínica, foi selecionada por um professor universitário que fazia a triagem para um projeto-piloto. Eis como ela descreveu sua situação: "Sim, eu tinha um emprego, mas fui obrigada a sair porque não dava conta. Eu não queria sair da cama e achava que não havia motivo para fazer nada. Eu já sou pequena, e perdia peso cada vez mais. Não me levantava para comer nem para nada. Eu simplesmente não ligava. Às vezes ficava sentada chorando, chorando, chorando. Por nada. Apenas chorando. Tudo que eu queria era ficar sozinha. Minha mãe ajudava a tomar conta das crianças. Eu não tinha o que dizer para os meus próprios filhos. Depois que eles saíam de casa, eu trancava a porta e ia para a cama. Eu tinha medo da hora deles voltarem, às três da tarde, e o tempo passava muito rápido. Meu marido diz que eu sou estúpida, burra, feia. Estou cansada. Estou muito cansada. Já tomei um monte de comprimidos, na maioria analgésicos. Podia ser Tylenol ou qualquer remédio para dor. Mas muito remédio. Qualquer coisa que me fizesse dormir".

Ela foi incluída num protocolo que oferecia seis meses de tratamento. Participou de terapia de grupo e lhe receitaram Zoloft. No fim dos seis meses, havia deixado o marido grosseiro com quem vivia e arranjado um emprego como cuidadora de crianças para a Marinha dos Estados Unidos. Instalou-se num novo apartamento. Fisicamente, estava irreconhecível. Disse o seguinte: "Meus filhos estão muito mais felizes. Agora querem fazer coisas o tempo todo. Conversamos durante horas todos os dias, e eles são meus melhores amigos. Assim que chego em casa, vou me livrando do meu casaco, da bolsa, pegamos livros e começamos a ler. Fazemos juntos os deveres de casa. E muitas palhaçadas. Falamos sobre profissões e, antes disso, ter uma profissão era uma coisa em que eles nem pensavam. O mais velho quer entrar na Aeronáutica. Outro quer ser bombeiro. Um quer ser pastor. E uma das meninas vai ser advogada. Converso com eles sobre drogas, eles viram o que aconteceu com a minha irmã e agora não querem saber de drogas. Não choram mais como antes, não brigam mais como antes. Incentivo-os a falar comigo sobre qualquer assunto. Não interessa o quê. Há um quarto para os meninos. Outro para as meninas. E um para mim. Mas todos gostam de vir para a minha cama, e ficamos lá sentados à noite. Tudo de que preciso agora são meus filhos. Nunca achei que eu chegaria tão longe. É gostoso ser feliz. Não sei quanto tempo vai durar, só espero que seja para sempre. E as coisas continuam mudando. Meu jeito de vestir. Minha aparência. Meu modo de agir. Meu modo de sentir. Não vivo mais com medo. Posso sair pela porta sem ter medo. Acho que aqueles sentimentos ruins não voltam mais. E, se não fosse pelo dr. Miranda e tal, eu ainda estaria em casa na cama, isso se ainda estivesse viva. Pedi ao Senhor que me mandasse um anjo, e ele ouviu minhas preces".

Boa parte das pessoas pobres que conheci e que foram ajudadas não emergiram da depressão tão lúcidas quanto essa mulher. Mas ouvi repetidamente histórias de gente que obteve melhoras extraordinárias. Parece-me um crime humanitário não termos programas de saúde que identifiquem essas pessoas e as ajudem. Além de ser uma calamidade humanitária, é uma estupidez econômica. Os filhos dessa mulher, que estavam caminhando direto para o sistema prisional juvenil, agora falavam em ingressar na Aeronáutica e fazer faculdade de direito; a própria mulher, que vinha recebendo diversos tipos de assistência social, agora estava bem num emprego. Uma mudança como essa é vantajosa para todos, de maneira marcante e extraordinária. Afligia-me não existirem programas de ajuda aos desfavorecidos nos Estados Unidos, as pessoas mais pobres, deprimidas, não identificarem a própria doença e, portanto, não receberem tratamento, não haver nenhum esforço para identificar doenças mentais entre essas pessoas ou para incentivá-las a buscar tratamento.

Portanto, fui falar com algumas pessoas no Congresso. Conversei com o senador Paul Wellstone, democrata do Minnesota, hoje falecido, e com o senador Pete Domenici, republicano do Arizona, ambos com casos severos de doença mental na família; são as duas pessoas que mais se envolveram com questões de saúde mental dentro da política do Congresso americano. Pete Domenici me disse: "Não há dúvida de que o que você está dizendo é verdade e que tratar essa população serviria aos interesses humanitários e econômicos dos Estados Unidos. Mas não será possível. E não será possível porque, pelo orçamento deste ano, eu não posso tirar dinheiro da Justiça juvenil para pôr neste programa. E os efeitos de longo prazo são muito difíceis de quantificar, para que eu possa usá-los como argumento viável para reestruturar o orçamento. Não será possível porque este Congresso é contrário a diretrizes em geral, e principalmente a diretrizes da área de política de assistência médica". Discorreu sobre uma variedade de problemas técnicos que tornariam difícil implantar, por meio da legislação, qualquer tipo de programa de ajuda e tratamento para os pobres.

Depois me encontrei com Paul Wellstone, que disse o seguinte: "Bem, tudo isso é verdade. Mas o motivo real de ser impossível é que vivemos numa democracia eleitoral, e numa democracia eleitoral todos os eleitores têm representação aqui no Capitólio. Todos têm voz ativa no que acontece na política americana. As pessoas que você descreve não estão nas seções eleitorais no dia da eleição. Estão em casa, na cama, escondendo a cabeça debaixo das cobertas. Não são eleitores e não têm nenhum impacto no que acontece aqui. Ninguém sabe delas nem liga para elas. Montar uma administração para lidar com o que você descreveu seria imensamente trabalhoso. A não ser que haja pressão popular, os membros de um grupo governamental eleito não podem investir nisso o tempo que seria necessário. A única chance de haver uma mudança é a tomada de consciência de que essas pessoas existem, de que elas também podem, de fato, melhorar de vida. Se você quiser ver mudança, o que precisa fazer é falar sobre isso aí pelo mundo afora".

CONCLUSÃO

Repetindo minha pergunta original: por que algumas pessoas com depressão aguda conseguem se sair razoavelmente bem? Qual é a natureza dessa resistência em face de uma doença tão severa? As pessoas sobre as quais escrevi em meu livro foram cuidadosamente selecionadas. Não as escolhi porque sua doença era mais severa ou menos severa, e sim por considerar corajoso, de certa forma, seu jeito de lidar com a doença. E percebi que ser capaz de lidar corajosamente com a própria doença reflete virtudes essenciais de caráter, que por sua vez podem ter também uma base genética ou química. Não digo que sejam superiores nisso ou que qualquer um pode alcançar essa resistência. Mas vejo-as como modelos que podem ser úteis para outras pessoas.

Muita gente se angustia quando está deprimida e depois que se recupera não gosta de falar nem de pensar no assunto. Não quer examinar a depressão nem reconhecê-la, pois deseja excluí-la de sua vida. O que descobri foi que, por ironia, é nessas pessoas que a depressão continua mais agudamente presente ao longo da vida. O esforço despendido na tentativa de ignorar a doença tende, na verdade, a exacerbá-la. Há, porém, pessoas que dizem: "Eu estava deprimida, e não teria escolhido ficar deprimida. Mas fiquei, e aqui está o que aprendi, ou aqui está o proveito que tirei disso". Mesmo quando essa atitude se mostrava um pouco ilusória, as pessoas que integraram a experiência da depressão ao seu caráter e personalidade eram as que melhor lidavam com ela.

Frank Rusakoff, o camarada que se submeteu à cingulotomia, disse: "Se tivesse que fazer de novo, não seria desse jeito. Mas acho que ganhei muita coisa e amadureci muito com isso. Acho que me aproximei mais dos meus pais, do meu irmão, dos amigos. A experiência com meu médico tem sido muito boa. Eu disse que faria diferente se tivesse que fazer de novo, e acho que faria. Mas agora que sinto que o pior já passou, sou muito grato por ter estado onde estive. Acho que a minha condição melhorou porque estive no hospital trinta vezes e fiz uma cirurgia no cérebro. Conheci muita gente boa e amei muito essas pessoas".

Maggie Robbins, que se referiu ao véu da felicidade e que havia sofrido de uma severa psicose maníaco-depressiva, me disse: "Antes eu ficava nervosa com muita frequência. E ficava só falando, falando. E comecei a fazer trabalho voluntário numa residência para pessoas com aids. Ali elas tomavam chá, e meu trabalho era ajudar a levar chá, bolo e suco para os pacientes, me sentar com eles e bater papo, porque muitos não recebiam visita de ninguém e eram solitários. Lembro que um dia, ainda no começo, me sentei com umas pessoas e tentei puxar conversa, perguntando o que tinham feito para o Quatro de Julho. Eles me contaram, mas não conseguiram ir até o fim da conversa. Pensei comigo que aquilo não era nada amistoso nem simpático da parte deles. Mas aí eu entendi. Esses caras não vão querer bater papo. Depois daquelas respostas curtas, eles não queriam mais saber de conversa nenhuma. Mas também não queriam que eu fosse embora. Por isso eu decidi que ia ficar lá com eles, e fiquei. Eu pensei: vai ser simplesmente um momento em que eu sou uma pessoa que não tem aids, que não parece doente nem está morrendo, mas que é capaz de aguentar o fato de que eles têm aids e estão morrendo. Então fiquei lá com eles aquela tarde sem falar nada. O que há de amoroso nisso é você estar lá, só prestando atenção, incondicionalmente. Se sofrer é o que a pessoa está fazendo no momento, então era isso que eles estavam fazendo. Você aceita, em vez de ficar como louca tentando fazer alguma coisa a respeito daquilo. Aprendi a agir assim. Nossas necessidades são nossos melhores recursos. Sou capaz de simplesmente ficar lá com as pessoas, por causa das coisas que já precisei de outras pessoas. Acho que aprendi a dar todas as coisas de que preciso".

Por fim, Laura Anderson, que quis mastigar uma folha de árvore e se encolher debaixo da saliência de uma pedra, disse: "A depressão me deu gentileza e capacidade de perdoar onde outras pessoas não sabem o suficiente para oferecer isso. Sou atraída por pessoas que podem desanimar as outras com um gesto equivocado ou com um comentário impróprio. Hoje à noite tive uma discussão com alguém sobre a pena de morte e tentei explicar, sem me usar muito como referência, que a gente pode compreender atos horríveis, compreender os vínculos terríveis entre estado de espírito, trabalho e relacionamentos, e tudo mais. Eu nunca aceitaria que a depressão fosse uma desculpa pública ou política, mas acho que quando a gente passa por isso fica com uma compreensão maior e mais imediata da ausência temporária de julgamento que leva as pessoas a se comportarem tão mal. A gente aprende, talvez, até mesmo a tolerar a maldade que existe no mundo".

Não é que a depressão seja maravilhosa e que todos devam ter a sua, mas quando se passa pela experiência é possível obter muito insight dela. Quando se está lá dentro, é árido, vazio, terrível e agonizante. Emerge-se de um episódio sempre reconhecendo que, por ser a depressão uma doença crônica, existe uma grande chance de, a certa altura, haver uma recaída. Se há um benefício que de alguma forma se possa atribuir à depressão, não é que a recaída se torne menos provável, mas que agora somos mais capazes de suportar tanto a recaída como a consciência de que a recaída já pode estar dobrando a esquina. Essa capacidade de suportar a nossa depressão é que nos permite, eu acho, adquirir certa resistência. A primeira frase do meu livro diz que a depressão é a imperfeição no amor. Acredito que haja uma conexão extraordinariamente íntima entre as duas coisas. Descobri, quando estava deprimido, quanto uma emoção pode tomar conta de nós, definir tudo à nossa volta e tornar-se mais real e aguda do que a própria realidade. Esse conhecimento me permitiu também sentir emoções positivas de modo mais intenso e concentrado, e com uma compreensão maior da sua força esmagadora. Tenho a sensação de alegria todos os dias quando acordo e não estou deprimido, porque sei como é horrível. Apesar de que agora, em certo nível, eu quase não consiga me lembrar de como é, sei que tive recaídas e que outras virão. Quando acordo pensando "Ah, hoje estou bem", é emocionante. Acho que o que aprendi disso tudo é que a vitalidade, em certo momento roubada de mim pela depressão, voltou com força renovada e me fez viver de forma mais rica. Pode ser uma ilusão da qual eu próprio acabei me convencendo. Mas, se for, para mim tem sido uma ilusão muito produtiva. E é o que recomendo a todos.

NOTAS

1. Andrew Solomon, "Anatomy of Melancholy". *The New Yorker*, p. 96, 12 jan. 1998.

2. Organização Mundial da Saúde, *World Health Report 1999*. Genebra: WHO, 1999.

3. Rainer Maria Rilke, "Requiem for a Friend" (1909). Em: *The Selected Poetry of Rainer Maria Rilke*. Org. e trad. de Stephen Mitchell. Nova York: Vintage International, 1989.

4. Ver Shelley E. Taylor, *Positive Illusions*. Nova York: Basic Books, 1989.

5. Hipócrates, *Hippocrates*. Org. e trad. de W. H. S. Jones e E. T. Withington. Londres: William Heinemann, 1962. 4 v.

6. American Psychiatric Association, *Diagnostic and Statistical Manual of Mental Disorders (DSM-IV)*. Washington, DC: APA, 1994.

7. Ver Bennett Simon, *Mind and Madness in Ancient Greece: The Classical Roots of Modern Psychiatry*. Ithaca, NY: Cornell University Press, 1980.

8. Citado em Iago Galdston (Org.). *Historic Derivations of Modern Psychiatry*. Nova York: McGraw-Hill, 1967.

9. Ver Bennett Simon, op. cit.

10. Ver Giuseppe Roccatagliata, *A History of Ancient Psychiatry*. Nova York: Greenwood Press, 1986.

11. Ibid.

12. São Tomás de Aquino, *Summa Theologica: Complete English Edition in Five Volumes* (1265-73), v. 2. Trad. dos padres da Província Dominicana Inglesa. Westminster, MD: Christian Classics, 1981.

13. Robert Burton, *The Anatomy of Melancholy* (1632), 3 v. Org. de T. C. Faulkner, N. K. Kiessling e R. L. Blair. Oxford: Clarendon, 1997.

14. Citado em Jane Kenyon, *Constance* (epígrafe). St. Paul, MN: Graywolf Press, 1993.

Se você tem pensamentos suicidas, ligue gratuitamente para **188**. O Centro de Valorização da Vida (cvv) realiza apoio emocional e prevenção do suicídio, atendendo voluntariamente e sob total sigilo todas as pessoas que querem e precisam conversar, por telefone, e-mail ou chat, 24 horas, todos os dias. https://www.cvv.org.br/

Caso conheça alguém que apresente sinais preocupantes, acesse o site: <http://portalms.saude.gov.br/saude-de-a-z/suicidio>.

1ª EDIÇÃO [2018] 3 reimpressões

ESTA OBRA FOI COMPOSTA EM MINION PELO ACQUA ESTÚDIO E IMPRESSA
PELA GRÁFICA BARTIRA EM OFSETE SOBRE PAPEL PÓLEN BOLD DA
SUZANO S.A. PARA A EDITORA SCHWARCZ EM MARÇO DE 2023

A marca FSC® é a garantia de que a madeira utilizada na fabricação do papel deste livro provém de florestas que foram gerenciadas de maneira ambientalmente correta, socialmente justa e economicamente viável, além de outras fontes de origem controlada.